Salut Raph

et vive le foot. Eric

CHAOS FOOTBALL CLUB

34-36, rue La Pérouse, 75116 Paris
www.hugopublishing.fr

Collection Hugo Sport et ouvrage dirigés par Bertrand Pirel
Graphisme de couverture et mise en page : Emmanuel Pinchon

Dépôt légal : avril 2023
ISBN : 9782755663778
Imprimé en France par CPI Bussière
Numéro d'impression : 2068377

DANIEL RIOLO
ABDELKRIM BRANINE

CHAOS FOOTBALL CLUB

Hugo Sport

AVANT-PROPOS

« Si la police avait fait son travail quand je suis allé me plaindre, je pourrais te parler… »

Cette phrase que me lâche le premier agent de joueurs que je contacte pour ce livre a donné le ton. « Je veux bien te parler mais en *off*, sinon… » « Tu te souviens de Sarah Abitbol ? Et donc, ça a donné quoi ? Une fois passé le premier impact médiatique, BFM et son livre, elle en est où aujourd'hui ? Elle est allée quémander du taf à la fédé dirigée par un pantin du président qu'elle a contribué à faire tomber. Quel intérêt j'ai à parler ? En *off* si tu veux, pas de souci, je te parle. »

Affaire Pogba, scandales à la FFF, dossier Hamraoui/Diallo… De l'été 2022 jusqu'au début de l'année 2023, on s'est demandé si les acteurs du foot faisaient en sorte que notre livre gagne en substance. C'est un peu comme s'ils voulaient tous nous filer un coup de main !

* * *

Quand on a découvert sur Twitter la vidéo du frère Pogba, on a tous cru à une blague. Pourtant, c'est une vraie « affaire » et pendant plusieurs jours, elle va faire la une de l'actualité.

« L'affaire Pogba » éclate le 27 août 2022, et ce n'est pas un faux buzz.

On a cru à une blague parce que c'était trop gros. Mathias Pogba, le frère de Paul, star internationale, prêt à balancer face caméra des horreurs sur son frère ? Des « vieux amis » ? Du racket ? Un règlement de comptes en direct sur les réseaux sociaux avec en prime une histoire délirante de marabout ? On est devant un festin médiatique.

Entre ça et mon bannissement de Twitter, j'ai connu des retours de vacances plus tranquilles.

On monte un *After Foot* spécial « entourage du joueur de foot ». Un sujet récurrent pour nous. On sait tout ce qu'il se passe. On a mille anecdotes, mais jamais de preuve. J'évoque toujours ça à demi-mot. Le racket dans le foot, je l'aborde dans mon livre *Cher football français*, mais je ne vais pas très loin. Personne ne veut réellement en parler. Un jour, il faudra quand même qu'on avance sur le sujet. En 2018, un livre très intéressant aborde la question : *Les Parrains du foot*[1], de Mathieu Grégoire, Brendan Kemmet et Stéphane Sellami. Grâce à l'affaire Pogba, ils mangent un peu de promo méritée.

Le soir de cette émission, forcément sensible, je suis bien décidé à faire attention et à ne pas balancer la phrase en trop. Celle que je réprime toujours difficilement. Véronique Rabiot, Neymar Jr, Admar Lopes, ça fait trop de procès en un an et ma direction va logiquement en avoir marre de toujours me défendre. L'émission touche à sa fin, j'ai bien fait gaffe. Je lâche tout de même qu'un joueur exemplaire comme Kylian Mbappé doit faire attention. Des choses

1 Éditions Robert Laffont.

malveillantes circulent à son sujet. Des gens veulent profiter de lui. J'ai en ma possession des messages susceptibles d'être embarrassants. La phrase de trop est tombée. Ce qu'on appelle une « bombe médiatique » éclate durant la nuit. Je n'ai plus Twitter et je ne le mesure pas tout de suite. Fayza Lamari, la mère de Mbappé, menace de m'attaquer en justice pour ma phrase et ses sous-entendus. Karim Nedjari, le patron de RMC, est un soutien sans faille pour l'*After* et notre liberté. Néanmoins, cette affaire le préoccupe à juste titre. Encore un procès. Je lui demande de me laisser arranger ça. Mon échange avec la mère de la star du PSG est cordial. Je dissipe le malentendu. J'ai voulu justement alerter contre ceux qui n'allaient pas manquer de profiter de la moindre brèche pour s'en prendre à son fils. Même avec les murs de protection dressés autour de lui, Mbappé n'est pas à l'abri. Après cet épisode, on a régulièrement échangé avec Fayza Lamari. Ça se passe toujours bien, même si je note une volonté claire de m'endormir sur pas mal de sujets. Elle conforte mes infos sur les promesses non tenues faites à son fils pour qu'il reste au PSG. Mon orgueil est flatté. Je remarque chez elle une sorte de déconnexion du réel. Une volonté de tout contrôler, de croire que son fils vient d'une autre planète footballistique. Le « clan Mbappé » veut être au centre de tout. Il souhaite par exemple changer la convention sur les droits à l'image en équipe de France, mais aussi s'immiscer dans à peu près tout ce qu'il se passe au PSG. Pas sûr que cela soit bon pour l'image du joueur qui peut sembler isolé, hautain et individualiste. La Coupe du Monde montre, une fois de plus, qu'il est réellement différent ; « extraordinaire » devient un euphémisme. L'entourage est contrôlé, maîtrisé, les vautours rôdent en vain.

Flash-back. Printemps 2021. *Cher football français* est sorti six mois plus tôt. Comme d'habitude, je me suis promis que c'était mon dernier livre. Trop de temps, de stress, je n'ai jamais su gérer ce qui entourait l'écriture d'un livre. Mon éditeur insiste : « Et si tu faisais un livre sans ironie, un vrai *Cher football français* avec ce qui te plaît ! Ça changerait, on t'attend moins sur un livre "positif". » L'idée est séduisante, mais je décline. Je réponds que le seul livre qui vaudrait le coup, c'est celui qui parlerait des entourages, du racket, de l'influence des quartiers, des vieux agents qui se font peu à peu sortir par le « nouveau monde ». Et si au passage, on peut ne pas oublier de fouiller à la LFP et à la FFF… Les méfaits des « cols blancs », c'est tout aussi intéressant.

« *The world is yours* », Tony Montana ! Il faut buter Frank Lopez, choper sa meuf et son business ! C'est de l'ultra-libéralisme, du capitalisme sauvage, la loi du plus fort ! Et j'ai le titre : *Ghetto Football Club* ! L'idée emballe tout le monde. Il faut y aller. Sauf que je n'ai pas l'énergie pour me lancer dans ce projet. Malgré les relances de Bertrand Pirel, mon éditeur et ami, je repousse l'idée.

Le 24 novembre 2021, Karim Benzema est définitivement condamné dans « l'affaire de la sextape ». Il ne va pas faire appel. De cette histoire, je retiens que la star du Real Madrid est tombée surtout pour avoir voulu faire plaisir à un « vieil ami », pas pour faire du mal à un coéquipier. Sept ans sans équipe de France et une réputation écornée pour « aider » un vieux pote à se faire un peu de cash, ça fait cher la loyauté.

Cette histoire entre dans le projet. *Ghetto Football Club* a du sens. Je passe une journée à prendre des notes, au cas où. Le titre « claque » comme on dit dans les services commerciaux, mais reflète-t-il toute la réalité du problème ?

Le ghetto, historiquement, c'est le quartier où les Juifs étaient forcés de résider. Par extension, c'est un quartier où une communauté vit à l'écart du reste de la société. Et parce qu'on va parler des quartiers, de ceux qui y vivent, des mécanismes sociaux qui guident les rapports humains, de la culture propre qui s'y est créée et de gens majoritairement issus de l'immigration, même si c'est la troisième génération, ce livre sera catalogué « facho ». Je suis habitué, mais ça m'emmerde malgré tout. Je connais l'équation par cœur. Quartier + Noir + Arabe = Raciste.

Et si on explique que le ghetto est aussi une conséquence ? Si on raconte comment le système entretient ces fractures sociales et culturelles ? Si on dit que tout le monde s'accommode de cet état de fait ? Si on analyse que le capitalisme sauvage qui régit le foot a avalé le ghetto et que le marché en profite ? Ce serait cocasse que je sois balancé de l'autre côté de l'échiquier politique. La vérité est que j'aimerais surtout être nulle part et juste raconter ce que je sais et ce que je vois.

Je regarde le jugement rendu à l'encontre de Benzema. « Il n'a pas mesuré le côté délictuel de son acte et a été guidé par l'amitié. » La phrase dit tellement de choses. Ses avocats scandalisés annoncent vouloir faire appel. Ils ne le feront pas. La star du Real veut en finir avec cette histoire. Les avocats de Valbuena sont satisfaits. La victime dans ce dossier voulait juste qu'on reconnaisse l'autre comme coupable.

Mathieu Valbuena, personne n'en parle. On l'a oublié. Sa carrière en Bleu a été ruinée, mais on l'a oublié. Tout tourne autour de Benzema.

Plus tard, en commentant un tweet de l'avocat de Valbuena indiquant que le joueur était soulagé, Karim Djaziri, ami et agent historique de Benzema, répond sur le réseau social :

« Il aurait pu être soulagé avant s'il n'avait pas trompé sa femme et s'il n'avait pas gardé la vidéo de ses ébats comme un trophée sur son ordinateur. » Si la fille n'avait pas porté une jupe aussi courte, elle n'aurait pas été agressée, n'est-ce pas ? J'entretiens de bonnes relations avec Karim Djaziri, mais parfois on n'est pas d'accord. L'amitié assortie d'une loyauté sans faille à Benzema lui fait souvent perdre un peu de lucidité.

C'est dans le contexte de cette affaire que l'ex-ministre des Sports Roxana Maracineanu lâche, en substance, le 23 novembre 2021 sur RMC, devant Apolline de Malherbe, que le rugby c'est mieux et qu'on y trouve de bonnes valeurs et une meilleure éducation. Je crois que l'ex-nageuse a fait le passage le plus calamiteux qui soit à la tête de ce ministère. Sans aucune cohérence avec elle-même et avec ses idées politiques qui enfoncent habituellement toutes les portes du plus caricatural gauchisme ordinaire, elle alimente l'image très présente dans l'opinion que le rugby, c'est aussi un sport de terroir, un sport de Blancs ! La ministre offre un marchepied au RN avec une telle sortie, mais elle ne le comprend pas.

Pourtant, les histoires louches existent aussi dans le rugby, elles sont simplement bien moins médiatiques et elles touchent surtout une population différente. Les scandales autour du comité d'organisation du Mondial 2023 ne font pas la une des médias et des plateaux TV. Si c'était du foot, ça ferait une semaine non-stop matin, midi et soir.

J'ai rencontré Abdelkrim Branine à l'occasion de la sortie de son livre, *Le Petit Sultan*. Un roman autour du foot. Un jeune gamin de banlieue est assez fort pour envisager de devenir pro. Il n'est pas issu d'un milieu défavorisé. La réussite sociale du père l'a sorti du « quartier ». Le destin va pourtant non seulement le ramener dans le quartier mais en plus le plonger dans le communautarisme le plus profond. Abdelkrim envisage dans une fin quasi de science-fiction la première équipe qui ne ferait jouer que des « rebeus/renois » ensemble.

La qualité du roman, la recherche, la connaissance du milieu, tout est bon. Si j'accepte de lancer le livre, ça sera avec lui. Il a tout compris à ce qui entoure notre foot et le prépare à une profonde mutation.

L'affaire Pogba et les conclusions de l'enquête dans l'affaire Diallo/Hamraoui sont certainement l'illustration parfaite du virage dangereux emprunté par notre foot ces dernières années. Comme disent les footeux, « on a mis les bons ingrédients » ! Starification, oseille, jalousie, individualisme, racket, voyoucratie et une pointe de communautarisme.

Face à cette évolution, que font les institutions ? La LFP pense à faire tourner la boutique. Vincent Labrune n'est pas à la hauteur de la rue. Il est ailleurs, dans des salons feutrés. Il négocie avec des fonds d'investissement pour enrichir les clubs. Peu importe qu'on soit nul en Coupe d'Europe tant que le blé rentre. Son seul maître, c'est Nasser al-Khelaïfi. Le milieu du foot aime raconter que Labrune souffre socialement quand il fréquente des gens plus aisés que lui. On est toujours le pauvre de quelqu'un, même avec un salaire de plus d'un million d'euros par an et une piaule à l'année dans un palace. Labrune déteste l'*After*. S'il pouvait, il nous crèverait. Ça fait plus de dix ans qu'il pousse nos patrons à nous sortir.

L'autre boutique, c'est la FFF. Vérolée, pourrie jusqu'à la moelle. Les affaires s'accumulent. Sexisme, gabegie financière, homophobie, machiavélisme, on trouve de tout à la FFF.

C'est la Samaritaine de l'ordurerie. Quand on a commencé ce livre, l'audit n'avait pas été ordonné. Le 15 février, il a été rendu public. On savait tout, mais enfin cela claque à la tronche du grand public. Noël Le Graët s'accroche longtemps. Son arrogance le persuade qu'il n'a rien fait. Il va quitter son poste sali. Le feuilleton n'est pas terminé, mais la logique voudrait que tout le monde saute. Seul Didier Deschamps est épargné. La finale du Mondial est un crédit. Pourtant, il a défendu son président jusqu'au bout. Il a donné des interviews pour dire que tout n'était que ragots de journalistes. Il a obtenu son incohérent contrat de quatre ans. Il a profité de Le Gräet pour empêcher Zinédine Zidane de devenir sélectionneur et il ne dit rien. On ne l'entend plus sur les ragots et les affaires de la FFF.

Qui va donner des leçons à qui ? Qui va nous sortir du marasme ? D'un côté, des cols blancs qui s'accrochent à leur poste, se gavent et regardent le peuple avec mépris. De l'autre, c'est « Racaille-land » et le gâteau qu'il faut croquer absolument. On ne va pas donner de leçons. On va juste essayer de raconter ce qu'on sait et ce qu'on voit. Un triste choc des mondes.

Daniel Riolo

1

« Je suis mon propre patron. Personne ne me dit quoi faire. Ni la FFF ni le ministère des Sports. J'ai tous les présidents de clubs derrière moi, sinon je ne serais pas là. C'est moi le boss… »

Vincent Labrune, président de la Ligue de football professionnel

« Le foot français dans le Big 4 ? » Voilà l'intitulé de la table ronde proposée en cette fin de matinée du 22 septembre 2022 à la Maison de la Radio et de la Musique. Organisée par Franceinfo, France Télévisions et *L'Équipe*, la première édition du festival « Demain le Sport » ambitionne d'être un lieu de rencontres « destiné à engager chaque année une réflexion sur l'avenir du sport ». Une journée d'échanges qui s'achèvera avec la masterclass de la rock star Michael Phelps. Les interventions qui précèdent celle de la légende de la natation sont donc à ranger dans la catégorie « première partie », y compris celle censée tracer l'avenir de notre football à l'échelle du continent. La table ronde compte en vérité un seul intervenant : Vincent Labrune, président de la LFP. Dans le rôle du maître de cérémonie : le journaliste Étienne Moatti, qui se contentera de trois courtes prises de parole en forme de passes en profondeur pour lancer son hôte. « Le foot français dans le Big 4 ? » Une allusion qui renvoie au concept de Big 5, inventé pour permettre à la France de se classer juste derrière les véritables cadors de l'Europe : Angleterre, Espagne, Allemagne, Italie. Plus qu'une marche à gravir, serait-on tenté de se dire… Le ton consensuel de la matinée donne le sentiment de baigner dans un pot de miel. Vincent Labrune se présente devant le pupitre, comme toujours en costume mais sans cravate, détendu. Il est assuré de ne prendre aucun tacle. Ce n'est pas le genre de l'événement à la Maison de la Radio, ni de la maison tout court d'ailleurs. Étienne Moatti commence par rappeler le contexte de son arrivée à la tête de la LFP, marqué par la défection du diffuseur Mediapro. Heureusement, « il est habitué à la gestion de crise, il a mis les mains dans le cambouis », ajoute le journaliste, avant de lever les yeux sur la chemise blanche immaculée de son invité. Depuis plusieurs jours, le football français est secoué par un tremblement de terre sans précédent : affaire Diallo, feuilleton Pogba, scandales en série à la FFF. Labrune commence pourtant son monologue en évoquant un simple « contexte morose » avant de déployer son argumentaire. L'homme n'est pas venu pour débattre, ni pour répondre à des questions. La tribune qui lui est offerte ce jour-là n'a qu'un seul but : assurer le service après-vente. Au sens propre. Le 1er avril dernier, la LFP a officialisé la signature d'un accord avec CVC Capital Partners. En échange d'un investissement qui s'élève à 1,5 milliard d'euros, le fonds luxembourgeois a obtenu 13 % du capital de Mediaco, la nouvelle société commerciale créée par la Ligue et chargée de rentabiliser au maximum les droits TV du championnat de France. Ces droits sont la principale source de revenus des clubs professionnels. À cause de la faillite de Mediapro, la promesse du milliard s'est envolée. Les droits ont baissé. Durant trente minutes, Vincent Labrune veut convaincre l'assistance du bien-fondé de cet accord.

Une victoire pour lui. Faire entrer de l'argent frais dans les caisses des clubs, créer enfin cette société commerciale : ces deux objectifs étaient devenus, depuis des mois, une obsession chez lui. Après avoir rappelé l'état exsangue de notre football, frappé par un triple tsunami en 2020 (arrêt des compétitions, crise du Covid-19, défaillance de Mediapro), il annonce une « révolution » et une « nouvelle ère ». Tel un directeur marketing qui doit justifier une décision, il enchaîne les anglicismes, jusqu'à la caricature : le très gros « track record » de CVC, une « premiumisation de l'offre » des différentes plateformes, promouvoir un « sportainment » et orchestrer un « storytelling ». Même Étienne Moatti a l'air égaré, à deux doigts de pianoter en cachette sur Google Traduction pour rester dans le coup. On a perdu Vincent Labrune. Il vit désormais sur une autre planète, quelque part entre la galaxie du Cigare et Andromède. Loin des pelouses, des fumigènes et des chants de supporters. Après l'avoir entendu évoquer une fois de plus « les criminels » dans les stades à la fin de son intervention, les supporters lui répondront quelques jours plus tard avec une banderole déployée à Strasbourg : « Les dirigeants du foot français préfèrent la pédocriminalité à notre façon de supporter, vous êtes la lie de l'humanité ». Dans leur esprit, aucun doute possible, la déconnexion de la LFP et les scandales au sein de la FFF ne font qu'un.

Vincent Labrune nous promet donc « un nouvel ADN centré sur le commercial et le business » pour améliorer le « produit », un mot qu'il répétera à plusieurs reprises pour désigner le championnat. On est très loin des bons sentiments qui animaient une partie des instances après la décision d'arrêter les compétitions en avril 2020, lors de la crise du Covid-19. Sylvain Kastendeuch, président de l'UNFP à l'époque, avait pris la tête de la révolte (virtuelle) en signant notamment une tribune dans *Le Figaro* quelques jours plus tard. Un texte déjà évoqué dans *Cher football français*. Extraits : « Nous serons solidaires des mesures prises pour rendre notre football plus vertueux (…) Il faut travailler à la valorisation du statut de footballeur-homme (…) Cette période nous a permis à tous de prendre du recul, de réfléchir à l'avenir. Elle a mis en lumière la dimension humaine de notre métier. Nous ne sommes pas des marionnettes. » Entre ce moment de flottement et son arrivée à la tête de la Ligue, Vincent Labrune a réfléchi, lui aussi. Lors de l'élection du nouveau président de la LFP en septembre 2020, Michel Denisot apparaît comme le grand favori pour succéder à Nathalie Boy de la Tour. L'ancien président du Paris Saint-Germain ne juge pas opportun de faire campagne, soutenu par quatre poids lourds : Noël Le Graët, Jean-Michel Aulas, Nasser al-Khelaïfi et le groupe Canal Plus. Des atouts qui se transformeront en cadeaux empoisonnés en raison de leurs inimitiés dans le monde professionnel. L'ancien président de l'OM, lui, se déclarera officiellement candidat quelques heures avant le scrutin, non sans avoir fait campagne discrètement auprès des présidents de Ligue 1. Après avoir arraché une victoire surprise face à Denisot, l'Orléanais n'a qu'un seul projet en tête : la quête du milliard. Avec la bénédiction des dirigeants de Ligue 1, il commence à démarcher les fonds d'investissement en vue de leur céder une partie des bijoux de famille. L'homme a quelques relations dans le milieu de la finance depuis son passage à l'OM, où il a bien sûr fréquenté Robert Louis-Dreyfus mais aussi Antoine Veyrat, dont le frère, Jacques, est un puissant homme d'affaires, classé 44e homme le plus riche de France en 2022. Deux banques d'affaires sont rapidement mandatées en vue d'organiser le processus de vente : Centerview Partners et Lazard. Les déjeuners de travail s'enchaînent. Labrune est heureux. C'est le monde dans lequel il veut baigner. Au fond, il est tellement supérieur aux présidents de L1, ces « petits » notables de province. Les patrons des clubs, c'est surtout le monde des patrons de PME. Lui veut fréquenter le CAC 40. Lors d'une rencontre dans les locaux de Lazard avec l'un de ces mastodontes, Vincent Labrune, sûr de lui, affirme être le seul maître à bord, tout en concédant une exception à propos de Nasser al-Khelaïfi, qu'il redoute particulièrement. À l'occasion de cette table ronde où il est l'invité unique au sein de la Maison de la Radio, il fera de nouveau acte d'allégeance : « Où serait la Ligue 1 si le Qatar avait décidé il y a dix ans d'investir à Londres, Milan ou Berlin plutôt qu'à Paris ? » Aucune décision majeure n'est prise sans avoir consulté au préalable le président du PSG. Étienne Moatti y va également de bon cœur question offrande. La tête dans la boîte à cirage, il lâche : « Il faut remercier le Paris Saint-Germain et Nasser al-Khelaïfi. »

Après huit offres reçues, quatre propositions sont sélectionnées pour le tournoi final. Celle émise par CVC Capital Partners, dont le patron du bureau à Paris est un ami de Vincent Labrune, est finalement retenue. Qu'il est bon d'avoir autant de relations.

Le deal avec CVC bouclé, le président de la LFP réunit l'assemblée générale de la Ligue pour lui signifier qu'ils n'obtiendront pas de meilleure offre. Il fixe alors un ultimatum de 72 heures et une condition *sine qua non* : un vote à l'unanimité. « Sinon, je ne signe pas », précise l'ancien boss de l'OM avec un ton autoritaire. La suite lui donnera raison. Labrune aura même la malice de présenter l'issue du scrutin comme un plébiscite alors qu'il s'agit d'un résultat obtenu quasiment sous la menace. Le besoin de cash était tellement vital que dire non eût été un suicide financier. Les dirigeants de clubs ont donc validé une Ligue 1 à trois vitesses. Quatre, même. On savait que le PSG devait être champion chaque année, c'est désormais officiel. Le club parisien empoche, en effet, 200 millions (un sacrifice pour Nasser al-Khelaïfi, selon Labrune), l'OM et l'OL ramassent 90, Lille, Monaco, Nice et Rennes reçoivent 80, contre 33 pour tous les autres. La stratégie de Labrune est simple: soigner les six ou sept clubs européens, avec Paris en chouchou suprême, pour en faire des locomotives qui entraîneront les autres. La théorie du ruissellement appliquée au football, en somme. Quand il était à la tête de l'OM, il avait bataillé pour modifier la répartition des droits TV. Donner plus aux « européens » pour qu'ils gagnent et que tout le monde en profite. Pas de bol, ce fut alors la pire période des clubs français en Coupe d'Europe. Il y a quelque chose de frappant dans le raisonnement de nos dirigeants. Leur obsession, c'est de savoir comment faire entrer l'argent, mais ils ne parlent jamais du produit, à savoir le foot, le jeu, les matches. Pourtant, c'est la qualité du produit qui attire l'argent. Ce n'est pas un hasard si Mediapro avait promis le milliard en voyant le recrutement grand luxe du PSG. La création de la société commerciale repose sur la même logique. On mise surtout sur les stars du PSG. On anticipe les bons résultats. On promet. CVC a non seulement accepté l'augure mais a, en plus, validé l'idée que les droits TV allaient augmenter de 200 millions en 2023 puis friser le milliard cinq ans plus tard ! Les droits internationaux doivent également exploser. C'est dans le plan. C'est vrai qu'ils sont trop bas. 80 millions, une misère donnée par qui ? BeIN Sports, dont le boss est également celui du PSG ! Et si on décidait que le PSG et le

Qatar géraient les caisses de tout le foot français, ça ne serait pas plus simple pour la compréhension de tous ?

C'est le moment de sourire, une fois encore, en repensant à la fameuse tribune de Kastendeuch dans *Le Figaro* qui faisait la part belle aux « valeurs de solidarité ». Ah, le monde nouveau ! Qui a pu douter un seul instant que le désormais ex-président de l'UNFP avait eu autant d'utilité pour le football français qu'un ventilateur bon marché ?

En surface, l'accord avec CVC constitue un coup de maître pour Vincent Labrune, qui consolide sa position dominante et son confortable fauteuil à la LFP. Mais les 420 000 euros de salaire annuel en tant que patron de la LFP, les notes de frais et la somptueuse suite à l'année au Peninsula, palace parisien détenu par… le Qatar, c'est bien, mais pas assez.

Le véritable sujet pour lui, c'est : qui sera présent à l'appel d'offres des droits de diffusion de la Ligue 1 qui aura lieu à l'automne 2023 ? Les clubs français doivent briller en Coupe d'Europe lors de cette saison 2022-23. Il faut séduire. Lors de son intervention à la Maison de la Radio, Labrune a évoqué la piste des GAFAM[2] qui devraient, selon lui, se positionner de plus en plus sur des « produits premium ». Pour attirer ce type d'investisseurs majeurs, le patron de la LFP aurait fait un pari audacieux : miser sur une victoire de Paris en Ligue des Champions… Avec ou sans victoire du PSG, le fonds CVC, lui, entend bien rentabiliser son investissement. Dans le cas contraire, sa part dans le capital de la filiale commerciale de la LFP augmentera, conformément à l'accord. Le nouveau partenaire du football français attend notamment beaucoup de

2 GAFAM est l'acronyme des géants du numérique : Google, Apple, Facebook, Amazon et Microsoft.

la vente des droits internationaux. Un paramètre qui pourrait bouleverser l'organisation de la Ligue 1 en imposant notamment des horaires farfelus, voire des matches délocalisés à l'étranger, à l'image du Trophée des champions.

Malgré ces réserves, cette part de risque, le patron du foot français semble impassible. Les risques de perte de contrôle liés à cette vision court-termiste ne l'inquiètent pas. Ce 22 septembre 2022, à la Maison de la Radio, il ose même faire une promesse digne d'un vieux briscard de la politique : la France sera sur le podium européen d'ici cinq ans, « en termes de résultats sportifs et de revenus ». En 2007, Frédéric Thiriez, alors président de la LFP, avait pondu une sorte de programme, un plan pour le foot français à l'horizon 2012. On devait être au top et on a coulé. C'est tellement facile d'élaborer des plans. À Marseille, on rigole encore à l'évocation du « Dortmund Project » de Labrune. Rendez-vous donc en 2027.

Après avoir livré son récital lors de ce festival « Demain le Sport », Labrune regagne rapidement sa propriété dans le Luberon, où il passe la majeure partie de sa vie. Loin du tumulte parisien et des affaires qui pourrissent notre foot. Au fond, il aime la discrétion. L'ancien as de la com', ex-assistant de Jean-Luc Delarue, ne parle quasiment pas dans les médias. Il veut juste les contrôler en réservant ses mots à ceux qui le brossent bien.

Taquins, certains racontent que ses nouvelles fréquentations dans le monde de la finance lui ont donné la folie des grandeurs. Il est l'homme qui vaut 1,5 milliard. Désormais, tout ce qui l'entoure lui semble trop petit : sa voiture, sa villa, sa piscine. Ses ambitions gargantuesques l'amènent à se considérer indispensable. Dans un pays où un vieil homme incapable de maîtriser ses pulsions a réussi à se faire élire quatre fois à la tête de la fédération, il a toutes les raisons de croire qu'il pourrait asseoir durablement son pouvoir. Il ne laissera à personne le soin de diriger la nouvelle société commerciale de la LFP, qui lui permet désormais d'élever son salaire à 1,2 million d'euros par an. Las d'être convié par les puissants seulement à la fin du festin, Labrune mérite désormais un siège autour de la table. L'enfant de la bourgeoisie ne peut plus se contenter d'un rôle de valet de luxe au service des princes. Les valets, il en a plein parmi les présidents de L1. Jean-Pierre Caillot de Reims est le plus fidèle d'entre eux. Rien à voir avec Loïc Féry. Le boss de Lorient est un homme qui pèse et qui l'inspire. À la tête de Chenavari, il brasse quasiment six milliards d'euros d'actifs.

Nous ne savions pas qu'on faisait de la psychologie dans la finance. Nous avons découvert avec surprise que le boss de notre foot avait été « profilé » par les fonds d'investissement en concurrence sur le dossier LFP ! À de tels niveaux d'investissements, on veut toujours savoir avec qui on va dealer, paraît-il. Il y a ceux qui veulent marquer l'histoire, ceux qui veulent le pouvoir… Le profil de Labrune n'a laissé place à aucune ambigüité : son moteur, c'est l'oseille ! Vincent Labrune a une revanche à prendre sur la vie. Son désir de s'enrichir à titre personnel est devenu une obsession, jusqu'à devenir flagrant dans ses yeux, d'après ce même interlocuteur. Une obsession dont la première étape a été de sceller les fiançailles avec CVC Capital Partners. Et comme dans toute cérémonie de ce type, tout le monde n'attend qu'une chose : le gâteau. Il s'annonce beau et gros !

Sauf que l'époque n'est plus aux fraisiers faits maison à partager entre proches. Le cercle s'est élargi, à la manière d'une famille recomposée. Place à la pièce montée du feu de Dieu, bâtie comme une tour de Babel. Un aimant à tentation. Même les serveurs qui s'activent pour présenter l'offrande sont soupçonnés d'avoir chipé quelques-uns des choux à la crème qui surmontent la bête. Autour de la gigantesque table ronde, tout le monde est prêt à dégainer. Les tontons à l'ancienne, toujours équipés de leurs vieilles lames bien aiguisées. Les jeunes loups qui comptent bien briser le protocole pour s'en sortir, quitte à arracher des morceaux s'il le faut. Et enfin, les notables, tentés de sortir la grosse artillerie pour satisfaire leur appétit sans limite. Des coups de fourchette pour marquer son territoire aux feintes grossières pour détourner l'attention, tous les coups sont permis. Et toutes les personnes présentes, avec ou sans carton d'invitation, ne quitteront pas la fête avant d'être complètement rassasiées…

2

« C'est notre art de vivre, nos règles du jeu, notre football, la rue habille la rue »

Publicité pour la marque FootKorner

Sarcelles, banlieue nord de Paris. C'est ici que commence la gigantesque chaîne alimentaire du football français. C'est ici, et dans toutes les autres zones défavorisées du pays, que se forment les premiers maillons qui généreront potentiellement un jour contrats, transferts, sponsors, droits TV et autres commissions, déclarées ou non. Des territoires et des populations ouvertement ciblés. Depuis que les instances sportives nationales ont conféré de manière plus ou moins explicite aux quartiers populaires le statut d'armée de réserve de l'industrie footballistique. Depuis la mise en place d'un processus de ghettoïsation qui a longtemps consisté à recruter majoritairement des Noirs puissants et des Maghrébins techniques, selon des critères qui relèvent de l'assignation identitaire. À force de cibler, on enferme. Le foot et le rap vus comme principaux débouchés pour les populations des quartiers ? Qui peut nier la construction sociologique de ce phénomène ? Le marketing a transformé le style quartier en style urbain. Ça fait plus chic. Ce qu'on appelle la culture urbaine s'est emparée du foot. Les opérateurs de paris sportifs ne visent que cette population dans leurs messages publicitaires. Même les marques de luxe comme Dior, Louis Vuitton, Balmain succombent à la hype. Le gazon vert plutôt que le tapis rouge. Et s'il devait y avoir un résumé à cet enfermement sociologique, il suffit de s'attarder un instant sur le spot de pub de la marque de vêtements « FootKorner » : du rap, puis une musique aux sonorités « arabisantes », des rappeurs et un slogan : « C'est notre art de vivre, nos règles du jeu, notre football, la rue habille la rue » ! C'est comme si au bout de la chaîne, le deal avait été accepté par tous : « Ok, vous nous avez laissé ça, on prend, mais ça va se passer à notre façon. » En septembre 2022, dans les écoutes de la police concernant la très médiatique affaire Hamraoui/Diallo qui a frappé la section féminine du PSG, le conseiller de la principale suspecte, Aminata Diallo, parle des dirigeants du club en évoquant des « racailles de babtous » qu'il faut « découper ». César Mavacala finit par lâcher une phrase troublante : « Je te jure, Aminata, il faut leur faire la guerre… »

Revenons à Sarcelles. Une ville symbolique à plus d'un titre dans la trajectoire du football français, voire de la République. Les deux sont devenus intrinsèquement liés. Le sport le plus populaire du monde n'est plus seulement un miroir grossissant de l'état des lieux du pays, révélateur des défis futurs. Il est désormais un acteur à part entière de la société, capable de générer de précieuses retombées économiques et objet de toutes les convoitises politiques. Au début des années 60, cette commune du Val-d'Oise limitrophe du département de la Seine-Saint-Denis devient une star du cinéma dans la scène d'ouverture de *Mélodie en sous-sol*, d'Henri Verneuil. Après plusieurs années de prison, le personnage campé par Jean Gabin se rend à la gare du Nord pour prendre un train et retrouver son charmant village au milieu des champs. En lieu et place de son petit coin de paradis, le vieux bandit découvre un gigantesque et bruyant chantier : c'est la construction du grand ensemble, 12 000 logements. La banlieue dortoir se dessine. Elle deviendra la banlieue rouge avant de se morceler en quartiers difficiles, ou quartiers sensibles, selon l'approche. Sarcelles, conçue comme un laboratoire du vivre-ensemble, se muera progressivement en forteresse du « vivre-séparé », selon l'expression consacrée dans le livre de Noémie Halioua[3]. Dans une ville où cohabitent près de 180 nationalités, la fragmentation communautaire est aujourd'hui particulièrement forte entre la communauté juive, l'une des plus importantes du pays, et le reste des habitants. Taper « Juif Sarcelles » sur Google fait vite comprendre le morcellement ethnique. Le quartier surnommé « la petite Jérusalem » perd des habitants. On parle d'inquiétude, d'enclave, de fuite. On se sépare toujours plus.

C'est dans les années 1990 que Dominique Strauss-Kahn place la ville sur la carte de l'échiquier politique français. Il y construit son fief électoral avant de devenir ministre, patron du FMI et éphémère candidat du PS à la présidentielle avec l'issue que tout le monde connaît. Au cours de la même période, le Ministère A.M.E.R. fera entrer Sarcelles en Ligue 1 du rap hexagonal. Mais à la manière des Kinks pour le rock, le groupe échouera au pied du podium de l'histoire, où trônent, dans le désordre, NTM, IAM et Assassin. La clique emmenée par Stomy Bugsy et Passi se rattrapera avec le Secteur Ä, une forme élargie du groupe composée de proches. Une manière d'avancer avec son « clan » qu'on retrouve chez de nombreux

3 *Les uns contre les autres – Sarcelles, du vivre-ensemble au vivre-séparé*, Les Éditions du Cerf.

rappeurs et qui touchera plus tard le milieu du football français, avec toutes les conséquences que nous connaissons aujourd'hui. Le collectif sarcellois remplira les plus prestigieuses salles du pays et vendra plusieurs millions d'albums. Un succès commercial inédit à l'époque. Les premières affaires d'extorsion liées au rap français ne tarderont pas à éclater. En septembre 1999, Doc Gynéco, membre du Secteur Ä et poids lourd de l'industrie musicale, porte plainte pour « violences volontaires » et « vol ». Son père prend la parole publiquement quelques jours plus tard pour affirmer que son fils est victime de racket depuis plusieurs années. D'après lui, deux personnes appartenant au même collectif que Doc Gynéco ont débarqué à son domicile pour le forcer à signer un chèque de 500 000 francs. Ironie du sort, l'un des plus célèbres hits de la clique s'intitule « Affaires de famille », avec ces paroles de Doc Gynéco : « Fonder une famille car c'est tout ce qu'on a, viens dans ma famille et tu ne te feras plus jamais karna… » Éclairant pour la suite des événements, ce même titre comporte une forme de rejet assumée vis-à-vis des Bleus : « Ta fête pue la défaite, c'est la victoire d'avance, mais au final à trois on pète ton équipe de France. »

La mésaventure subie par l'ancien soutien de Nicolas Sarkozy n'est pas un acte isolé. Moins de deux ans plus tard, Mohamed Dia, styliste vedette qui habillait les membres du Secteur Ä, est victime d'un guet-apens dans le hall d'un immeuble sarcellois. L'homme, qui ne manquait jamais une occasion d'étaler ses signes extérieurs de richesse, est touché par deux balles de fusil de chasse mais survivra à ses blessures. Deux décennies plus tard, lors d'une interview sur Canal Plus, le rappeur marseillais Soso Maness sera explicite sur un sujet resté longtemps tabou dans les quartiers : « Tu ne peux pas avoir 20 ans demain, être multimillionnaire et croire que les gens vont te laisser tranquille. Ce n'est pas possible, ça n'existe pas… »

C'est dans ce contexte explosif, au sens propre comme au sens figuré, que Sarcelles est devenue une destination désormais inscrite en tête de liste par tous les recruteurs du continent. L'AASS Football, formation phare de la ville, parvient à caser entre dix et douze joueurs par an dans des clubs professionnels français ou étrangers. Une réussite qui a contribué à populariser l'expression « Sarcelles Industrie », destinée à mettre en valeur l'excellence de la formation sarcelloise. Certains clubs franciliens parviennent à aller encore plus loin. Le FC Montfermeil réussit parfois à faire recruter une vingtaine de jeunes par saison, avec des méthodes dignes d'une structure professionnelle malgré leur statut amateur… Le trading étant devenu la norme au sein du football français, la tendance a rapidement contaminé le football amateur. Mohamed Coulibaly, directeur sportif de l'AAS Sarcelles, a vu ce bouleversement s'accélérer ces dernières années : « Pendant longtemps, c'était le tournoi international U16 du Val-de-Marne qui était le grand rendez-vous annuel des recruteurs. Aujourd'hui, un mec chargé de repérer des jeunes peut, dans la même journée, avoir vu un match de U11 dans l'Essonne, puis des petits de 12 ans à Sarcelles et terminer l'après-midi avec une dernière rencontre de la même catégorie à Bobigny. » Mais le principe même de la loi de l'offre et de la demande exige l'interaction entre deux parties. Dans le cas présent : les recruteurs/acheteurs et les familles/vendeurs. Face à cette nouvelle donne, l'ancien joueur de DH tente de contenir l'agressivité des superviseurs et surtout… l'impatience des familles. Les deux entraînements hebdomadaires proposés par le club ne sont plus suffisants selon certains parents, qui cèdent parfois à la tentation d'un coach personnel, procédé très en vogue pour approcher le plus tôt possible un gamin prometteur. L'entourage se documente désormais beaucoup plus sur les potentielles retombées financières que sur le projet éducatif des centres de formation. Ils connaissent parfaitement la différence entre un contrat apprenti et un contrat élite. La publication des revenus perçus par certaines stars fait tourner les têtes. Le phénomène Mbappé est passé par là… « Il est évident que notre discours qui consiste à être dans la structuration du joueur a de plus en plus de mal à passer. Le petit est devenu un produit, parfois même pour ses parents. Certains n'hésitent pas à mettre la pression à leur fils de 6 ans en disant que sa paire de crampons constitue un investissement pour sa retraite. D'autres publient leurs statistiques ou des vidéos sur les réseaux sociaux. Il y a un mimétisme du monde professionnel qui est assez problématique », affirme Coulibaly. Obsédées par l'objectif de faire recruter leur enfant par un club de l'élite, des familles les poussent à changer d'horizon dès qu'elles l'estiment nécessaire, en vue d'augmenter sa visibilité. Il est désormais courant de rencontrer des adolescents ayant déjà connu quatre ou cinq formations différentes depuis leur première licence. Une situation tellement préoccupante que la FFF a été obligée de modifier en juin 2022 son règlement afin de limiter le nombre de joueurs mutés par saison dans les catégories jeunes…

Malgré le succès de la « Sarcelles Industrie », l'AASS ne roule pas sur l'or. Contrairement aux idées reçues, un club touche seulement entre 7000 et 8000 euros d'indemnités de préformation selon la nature du contrat signé dans un club professionnel par son ancien licencié. Les revenus les plus généreux étant perçus par le biais des indemnités de formation et surtout du mécanisme de solidarité, qui concerne les joueurs transférés d'un pays à un autre. En attendant de former un nouveau Mahrez (un stade porte désormais son nom à Sarcelles, sa ville d'origine) qui pourrait contribuer à développer son club, Mohamed Coulibaly continue d'accompagner ses jeunes jusqu'à ce qu'ils décrochent un contact avec un club professionnel : « Dès qu'un recruteur est intéressé par un joueur, une invitation est transmise à la famille pour qu'il vienne effectuer un essai. Si c'est positif, il y a un rendez-vous et une proposition du club. » La mission du directeur sportif de l'AASS s'arrête là et le jeune s'apprête à basculer dans une autre dimension où les courtisans seront de plus en plus nombreux…

Pendant longtemps, lors de la signature d'un contrat, on retrouvait toujours les mêmes personnes autour de la table, aux côtés des joueurs. Une poignée de précurseurs qui vont pratiquement façonner le métier d'agent en France, au moins dans sa version actuelle : Christophe Hutteau, Stéphane Canard et Bruno Satin, entre autres. Jusqu'au milieu des années 90, une simple déclaration sur l'honneur adressée au ministère des Sports suffisait pour devenir intermédiaire lors d'une transaction. En 1994, la licence FIFA est créée, disponible en échange d'une caution bancaire équivalant à… 160 000 euros. En 2000, le patron du foot mondial offre la possibilité aux fédérations nationales de délivrer le fameux sésame. La licence FFF est créée l'année suivante. Son obtention est conditionnée à un examen écrit, souvent décrié par certains acteurs de la profession qui déplorent la mise en place d'un système à deux vitesses. Les laissés-pour-compte n'hésitent pas à évoquer une véritable caste, composée de mâles blancs désormais quinquagénaires, voire plus. Les tontons à l'ancienne se partagent le gâteau, en cèdent parfois une partie à quelques poids lourds étrangers. Mais leur suprématie va s'effriter progressivement. Au fur et à mesure que la ghettoïsation du football français s'accentue, les tontons perdent pied dans les banlieues, principal vivier de l'Europe. Ils n'ont pas les codes pour s'entendre avec la nouvelle génération qui carbure au rap, se retrouve dans les bars à chicha et passe son temps sur les réseaux sociaux. Le choc des cultures est trop violent pour pouvoir espérer un rapprochement. Regroupés au sein de l'UASF[4], une association qui possède de solides réseaux au sein des instances dirigeantes, ils recrutent alors de manière plus ou moins officieuse des « petites mains » issues des mêmes milieux sociaux que les joueurs pour repérer et surtout approcher les nouvelles pépites. Idem pour les clubs, qui missionnent de nombreux rabatteurs pour préparer le terrain, payés… en frais kilométriques. Sans le savoir, ils sont en train de contribuer à la première phase d'un système anarchique, avec des intermédiaires à n'en plus finir. À force de voir des contrats juteux signés sous leurs yeux, ces derniers exigent désormais une part du gâteau et tentent d'obtenir des rétrocommissions dès lors qu'il est question d'argent. Les plus réglos se structurent progressivement pour exercer légalement leur activité. C'est le cas d'Ali Khaldi, cadre dans la sécurité, dont le meilleur ami est un ex-pensionnaire de l'INF Clairefontaine. Ce natif des Yvelines travaille dans un premier temps pour Christophe Hutteau, un agent licencié connu de tous les clubs de Ligue 1. Pendant plusieurs années, il ratisse pour lui la banlieue parisienne en long et en large pour

4 Union des Agents Sportifs Français.

aller voir des matches et signaler les jeunes les plus prometteurs. Après avoir appris les ficelles du métier avec Hutteau, Ali décide de passer un cap et fonde en 2020 JKL Sport Conseil, une société qui lui permet de collaborer de manière officielle avec tous les professionnels du secteur. Contrairement à d'autres qui préfèrent tenter le coup d'État pour déloger les tontons, Ali choisit de s'en tenir à sa prestation de scouting : « Je n'ai jamais mis les pieds dans le bureau d'un président de club. Ce n'est pas mon rôle et j'estime ne pas avoir les compétences pour le faire. » Désormais dans les petits papiers de plusieurs staffs, il lui arrive d'assister parfois à des scènes surprenantes, dignes de films de mafieux : « J'avais rendez-vous dans l'espace VIP d'un club de Ligue 1 et là, je vois deux lascars baraqués entrer en furie pour interpeller violemment le directeur sportif. L'un des deux types lui reproche de ne pas décrocher son téléphone quand il l'appelle et le DS se met à bégayer, s'excuser même, puis promet de les rappeler pour les inciter à partir. C'était hallucinant. » Une scène qui tend à se répéter chaque week-end dans de nombreuses enceintes de Ligue 1 et Ligue 2. Tous les acteurs du secteur s'accordent sur ce point : il est préférable d'avoir des réseaux qui permettent d'éteindre tout début de conflit afin de pouvoir survivre dans ce milieu, professionnellement parlant.

Comme Ali Khaldi, beaucoup d'acteurs issus de la banlieue ont commencé dans le milieu en faisant ce qu'ils appellent du « social ». Ils sillonnent l'Île-de-France pour encadrer des jeunes, les dirigent vers les meilleurs clubs afin d'être plus visibles auprès des recruteurs. Une approche qui rappelle la politique des « grands frères » développée par la gauche dans les années 80. Un moyen d'obtenir la paix sociale et les bulletins de vote. Au cours de la première décennie des années 2000, la plupart atteignent un plafond de verre au moment où leur « petit » arrive sur le marché professionnel. Ils n'ont ni les codes ni les réseaux pour l'emmener plus loin, et se voient obligés de confier son sort à un agent licencié. Deux de ces jeunes vont pourtant réussir un coup formidable qui contribuera sans aucun doute à changer la donne. En 2008, Housseini Niakaté et Ahmed Ouidy gèrent les intérêts du jeune Mamadou Sakho. Issus du même quartier de Belleville, ils suivent le joueur depuis quasiment sa première paire de crampons. Au moment de renégocier avec le PSG le contrat de celui qui est déjà le chouchou du Parc des Princes, les choses se compliquent. Faute de licence, les dirigeants parisiens ne veulent pas travailler avec les conseillers du futur international. Plusieurs agents rôdent autour des négociations mais Housseini et Ahmed tiennent bon. L'idée qui prévaut est simple : nous, on est avec les joueurs dès le départ, on les suit, on les aide et dès qu'il y a l'oseille, on est écartés ! En gros, nous aussi on veut notre part du gâteau. Pourquoi on ne saurait pas faire ? Une volonté de ne pas se retrouver toujours catalogués comme des types de banlieue bons « à pas grand-chose » anime ces pionniers qui vont se faire un nom jusqu'à être aujourd'hui respectés par tout le milieu.

Pour ces jeunes soucieux de devenir de « vrais » agents, le but est de dépasser les a priori sur les mecs de banlieue et l'étiquette racaille. Le face-à-face est caricatural. L'équipe chargée des discussions, entièrement composée de Blancs, reçoit les trois hommes d'origine africaine. « C'est les Noirs contre les Blancs… » ose un protagoniste. Prémices d'un processus qui prendra de l'ampleur au fil des années.

Mamadou Sakho ne lâchera pas ses amis et se montrera même catégorique : « C'est eux et personne d'autre. Sinon, je ne signe pas mon contrat.» Comme beaucoup de jeunes qui débutent dans le métier, les hommes de confiance du joueur demandent des sommes très importantes. Trop importantes. Ne sachant absolument pas ce que leur réserve l'avenir dans la profession, ils tentent le tout pour le tout, quitte à faire capoter les discussions, avant de revoir leurs ambitions à la baisse. Les deux parties trouveront finalement un terrain d'entente par le biais d'un avocat. Le défenseur central passera alors de 5000 à 80 000 euros mensuels, un salaire énorme à l'époque pour un espoir de Ligue 1. De leur côté, Ahmed Ouidy et Housseini Niakité, qui attireront de nombreux joueurs après ce coup d'éclat, vivent aujourd'hui respectivement à Londres et Dubaï, pour des raisons de fiscalité et de… sécurité.

Une quinzaine d'années après ce premier tournant dans le milieu, les profils d'agents comparables à ces deux précurseurs sont beaucoup plus nombreux. Mieux formés, notamment au sein des écoles dédiées au métier qui se sont multipliées, ils représentent la « nouvelle vague » issue des quartiers populaires, prête à déloger définitivement les tontons, désormais largement distancés en ce qui concerne le vivier des banlieues. Toujours présents, les anciens sont aujourd'hui surtout sollicités pour gérer les intérêts de « petits Blancs » issus de milieux ruraux. Emmenée par Djibril Niang (agent de William Saliba), Jonathan Kébé (agent de Jules Koundé) et surtout Meïssa N'diaye (licencié FFF à 21 ans et à la tête d'un portefeuille de 40 joueurs !), la nouvelle vague devra affronter de féroces concurrents. Ou composer avec, selon les cas de figure. À commencer par les grosses écuries qui inondent le marché français telles que Classico Sports Management ou Stellar, taillées pour former un nouvel empire et tout écraser sur leur passage, sans toujours se soucier de respecter les usages et l'éthique. Viennent ensuite les avocats mandataires sportifs, autorisés à conclure des contrats malgré un récent arrêt censé restreindre leur champ d'action. Dernière catégorie des acteurs du milieu qui entendent conquérir des parts de marché : les « rebelles », appelés parfois avec une pointe de mépris « agents chicha ». Un groupe qui rassemble une grande diversité de profils mais qui se distingue des autres par son défaut de licence et des méthodes musclées, parfois empruntées au grand banditisme. Rien de nouveau lorsqu'on repense à certaines affaires célèbres qui ont eu lieu dans le sud du pays. Jean Fernandez en sait quelque chose... Au terme de la saison 2005-2006, l'entraîneur de l'OM annonce brusquement sa démission. On saura plus tard que sa décision fut motivée par un coup de pression signé Richard Deruda dans une scène digne des *Affranchis* de Scorsese ! Figure de la pègre marseillaise et père de Thomas Deruda, joueur de l'OM à l'époque, l'homme est mécontent du sort réservé à son fils. Il envoie alors une « équipe » au domicile de Fernandez chargée de kidnapper son épouse pour l'emmener en haut d'une falaise et lui asséner plusieurs paires de gifles. Moins d'une dizaine d'années plus tard, c'est l'affaire des transferts douteux à l'OM qui éclate, dans laquelle sont impliqués plusieurs agents licenciés FFF...

Depuis cette époque, les gangs issus des quartiers nord ont pris le dessus sur le milieu traditionnel. Autrefois clairement localisées, ces pratiques ont fini par se généraliser et atteindre la capitale. Certains délinquants ont vite compris qu'ils prenaient moins de risques à s'incruster dans les transferts qu'à braquer un fourgon de la Brink's ou importer des kilos de haschisch du Maroc. Peu importent les moyens, pourvu qu'il y ait du cash. À la manière de Tony Montana, Zé Pequeno et Ciro Di Marzio[5], trois malfrats considérés comme des icônes dans de nombreux quartiers, ces « rebelles » ne voient aucun problème à employer la méthode cagoule-calibre ou user de la batte de base-ball pour parvenir à leurs fins. Certains ont bien tabassé une internationale française pour 500 euros… Inutile d'imaginer ce dont ils seraient capables pour arracher une petite part d'un marché qui a fait gagner plus de 494 millions de dollars aux agents lors de l'été 2022. Nourris à la culture américaine et son ultra-libéralisme, les « rebelles » parviennent de manière surprenante à trouver régulièrement un terrain d'entente avec de nombreux dirigeants du football français peu scrupuleux. En complète violation de la loi, qui interdit aux clubs de conclure la moindre transaction avec une personne qui ne possède pas de licence. La réglementation stricte de la FFF aurait dû protéger notre pays des dérives après l'abandon par la FIFA de la licence obligatoire en 2015. C'est exactement le contraire qui s'est passé. L'UASF dénonce aujourd'hui une concurrence déloyale qu'elle n'hésite pas à comparer au conflit entre taxis traditionnels et chauffeurs VTC. Le recours à des structures étrangères est particulièrement pointé du doigt par les agents licenciés. Une pratique visiblement répandue et même tolérée puisque le « conseiller » d'Aminata Diallo, César Mavacala, a révélé à la télévision française, en direct et à une heure de grande écoute, qu'il exerce dans le milieu par le biais d'une société basée… en Belgique.

Résultat : la France est paradoxalement devenue le pays européen le plus malfamé en termes d'agents alors qu'elle

5 Personnages de fiction qu'on retrouve respectivement dans *Scarface*, *La Cité de Dieu* et la série *Gomorra*.

possède quasiment les lois les plus rigoureuses du monde dans le domaine. Dans l'Italie voisine, une personne qui tente d'approcher un joueur qui n'est pas sous contrat avec elle risque une suspension, voire une radiation immédiate par la fédération… Après plusieurs expériences catastrophiques avec des intermédiaires français, les équipes espagnoles font savoir ouvertement qu'elles ne souhaitent plus travailler avec nos agents. Si l'un d'entre eux cherche à réaliser un transfert en Angleterre, les dirigeants lui imposeront de travailler avec un agent local, généralement affilié au club. L'Allemagne a aussi pris ses distances avec les Français depuis l'arrivée surprenante au Bayern Munich, en 2020, du jeune Tanguy Kouassi, espoir formé au PSG pourtant promis à une carrière comparable à celle de Mamadou Sakho. Après avoir traité avec ses trois conseillers, qui s'accuseront ensuite mutuellement de malversations, le directeur sportif Hasan Salihamidzic, écœuré par leurs agissements, assure qu'il ne travaillera plus jamais avec ce type de profils. Même certains clubs français commencent à perdre patience. Lors du même été 2020, Isaac Lihadji, annoncé comme le joueur le plus brillant du centre de formation de l'OM, rejoint Lille au lieu de poursuivre dans sa ville de naissance. Excédés face aux sommes demandées et aux méthodes des multiples intermédiaires autour de lui, les dirigeants marseillais ont décidé de jeter l'éponge. Mis au placard par le LOSC, Isaac Lihadji a finalement été transféré en janvier 2023 à… Sunderland, en D2 anglaise. Ou comment un entourage a ruiné la carrière d'une pure pépite de la formation marseillaise, une denrée rare depuis plusieurs saisons.

3

« Si vous voulez la signature de mon fils, il va falloir m'offrir une maison et une voiture sur place, sans oublier une prime comprise entre 200 000 et 300 000 euros. »

Ils sont devenus les bêtes noires des clubs amateurs et des arbitres. Vous pouvez les retrouver chaque week-end, derrière ou devant la main courante, à vociférer, insulter et parfois évidemment menacer l'arbitre. Les pancartes incitant au calme que l'on retrouve maintenant dans de nombreux stades n'y changent rien. Chaque mercredi, leur présence lors des entraînements peut se transformer en véritable calvaire pour les coachs chargés d'encadrer les jeunes catégories. Au sein de l'Éducation nationale, certains proviseurs et enseignants ont la boule au ventre à l'idée d'avoir affaire à eux. Persuadés que leur enfant est en réalité un HPI[6], nouvelle lubie en vogue pour expliquer des résultats scolaires insuffisants, ils ne remettent jamais en cause son potentiel, la charge de travail à réaliser, et encore moins la pertinence des valeurs qu'ils lui ont transmises. Leur nom : les parents parasites.

Dans le football, leurs capacités de nuisance ont été décuplées pour atteindre un niveau inédit au cours des dernières

---

6 Haut Potentiel Intellectuel.

années. Après une vague d'agressions contre les éducateurs et des violences répétées entre familles de jeunes, l'ACBB (Athletic Club de Boulogne-Billancourt) décide d'annuler tous les entraînements du mercredi 13 avril 2022. L'un des plus importants clubs d'Île-de-France en termes de licenciés (1200), qui a compté dans ses rangs des joueurs tels qu'Hatem Ben Arfa et Allan Saint-Maximin, entend ainsi alerter le football français sur ces dérives de plus en plus nombreuses. Quelques jours auparavant, un arbitre de 18 ans qui officiait lors d'un match de U17 dans la Somme avait été victime d'un lynchage après avoir adressé un carton rouge à un joueur qui l'avait insulté. La mère de l'adolescent sanctionné lui a porté le premier coup d'une longue salve qui enverra le jeune homme à l'hôpital avec un traumatisme crânien.

Les parents parasites ne gangrènent pas que le foot amateur. Les barrières qui devaient protéger le foot pro ont sauté. En avril 2022, le père de Noah Françoise, joueur de la réserve du Stade rennais, s'en prend physiquement à Denis Arnaud, directeur du centre de formation, jusqu'à lui fracturer une côte. Au tribunal, l'homme a expliqué avec un aplomb déconcertant avoir eu cette attitude en raison d'un complot fomenté selon lui par le dirigeant, notamment afin d'empêcher son fils de jouer en Ligue 1 et de rejoindre l'équipe de France U19. Malgré la brutalité de la scène, filmée par des personnes présentes, Robert Françoise s'en est sorti avec 600 euros d'amende, un stage de citoyenneté et une simple interdiction d'entrer en contact avec la victime pendant… un an.

Certains parents ne se contentent pas de veiller au grain sur le terrain. Ils veulent aussi se mêler aux transactions pour soutirer jusqu'au dernier euro, quitte à gâcher la carrière de leur fils. En 2021, Clément[7], un agent français qui gère les intérêts de plusieurs joueurs professionnels, entre en contact avec un club espagnol de premier plan pour faire signer un jeune espoir de Ligue 2. Binational, le garçon a déjà fait plusieurs allers-retours entre les catégories de jeunes des Bleus et celles du pays d'origine de son père, qui n'hésite pas à mettre la pression sur les deux fédérations. Crise du Covid-19 oblige, les discussions ont lieu par visioconférence. Clément et son associé, Grégory[8], tentent de prendre leurs précautions avec le père avant l'entretien crucial. Ils lui demandent de ne surtout pas évoquer les questions financières, au moins à ce stade, et de s'en tenir au projet sportif. Au bout de quelques minutes d'échange, pourtant, celui-ci coupe la parole au président du club et impose ses conditions : « Si vous voulez la signature de mon fils, il va falloir m'offrir une maison et une voiture sur place, sans oublier une prime comprise entre 200 000 et 300 000 euros. » Clément et Grégory sont rouges de honte… Dès la fin de la visioconférence, les dirigeants du club informent les deux agents qu'ils mettent définitivement fin aux discussions. Peu après, ils parviennent à entrer en contact avec un grand club italien, l'un des plus importants du continent. Mais le père fait de nouveau capoter les négociations en adoptant le même comportement. Les conseillers du joueur lui trouvent un point de chute en Serie A, dans un club de deuxième partie de tableau. Là encore, le père intervient. Alors qu'il manque un acte d'état civil pour valider définitivement le transfert, il tente de monnayer l'obtention du document auprès des deux agents : « Si vous voulez ce papier, c'est 10 000 euros. » Clément et Grégory tentent de le raisonner en lui faisant comprendre

7 et 8 Prénoms d'emprunt.

qu'il est en train de compromettre la carrière de son fils pour de bon mais le père ne veut rien entendre. L'affaire sera réglée grâce à l'intervention de la mère, qui fournira le sésame et permettra ainsi à son fils de jouer enfin au foot.

Les équipes de Ligue 1 subissent déjà depuis plusieurs années l'influence grandissante des familles, parfois capables de bouleverser la vie interne d'un club. Le PSG a par exemple longtemps dû composer avec la mère d'Adrien Rabiot, connue pour sa capacité à mettre la pression sur les décideurs afin d'imposer ses volontés. Véronique Rabiot est devenue un personnage dans le monde du foot. Ultra-protectrice et ne voulant écouter personne, elle vit dans l'idée que tout le monde en veut à son fils. Nul ne doit s'opposer à ses requêtes. Difficile de résister à la tentation de raconter l'anecdote savoureuse qui l'a opposée au Club Med. Au Portugal, près de Faro, la semaine de vacances s'annonçait agréable. À peine arrivée à la réception, la famille se rend compte qu'Adrien a oublié de prendre des tongs ! Pas de souci, la boutique dispose d'un choix conséquent. Mais au moment de payer, c'est le drame. Pas encore enregistrée, la famille Rabiot ne dispose pas du fameux bracelet, ce moyen de paiement spécifique au Club Med. L'attente, face à ce désir de tongs non assouvi, devient insupportable et humiliante. Une sorte de complot fomenté contre Adrien. La famille fait un esclandre et quitte l'établissement sur-le-champ pour rejoindre une autre destination.

Véronique Rabiot, c'est aussi une bataille de chaque instant pour que son fils ne joue pas numéro 6. Ce n'est pas assez valorisant. Au PSG, c'était un combat permanent. Un jour, elle est allée jusqu'à menacer d'annuler une interview à la *Gazzetta dello Sport* si on ne retirait pas une phrase de son fils dans laquelle il disait que jouer 6 ne lui posait pas de souci majeur. La critique peut exposer à un procès. Après l'élimination contre la Suisse à l'Euro 2021, l'épisode de sa colère en tribune avait été raconté dans l'*After*. Malgré des témoignages édifiants, elle contestait les faits et a reproché l'utilisation du mot « hystérique » pour qualifier son attitude ce soir-là. Le tribunal de Bayonne lui a finalement donné tort dans sa démarche. Après que l'émission eut relayé cette issue judiciaire, elle a voulu attaquer de nouveau en justice pour ce moment d'autosatisfaction. La justice a peut-être mieux à faire, non ? En 2019, elle avait pris la parole dans les médias pour affirmer que son fils était pris « en otage » par les dirigeants parisiens, et bientôt mis « au pain sec, à l'eau et au cachot ! »[9] après une mise à pied liée au refus du joueur de prolonger son contrat. Véronique Rabiot a même appelé les ministres des Sports et du Travail à intervenir en sa faveur. Plus récemment, elle s'est distinguée en faisant capoter le transfert de son fils à Manchester United avant le lancement de la saison 2022-2023. Le club mancunien s'est notamment plaint des sommes « folles » exigées par celle qui exerce ouvertement le métier d'agent sans posséder la moindre licence.

Outre les mères, pères et frères de joueurs, le Paris Saint-Germain doit également gérer les caprices de certaines épouses trop envahissantes. Didier Deschamps, à l'époque où il me parlait encore, c'est-à-dire avant qu'il ne supporte plus mes critiques, m'avait confié un jour que le rôle de la femme d'un joueur était bien trop sous-estimé dans l'évolution d'une carrière. Marrion Areola, l'épouse de l'ancien gardien de but du

9 Interview dans *L'Équipe*, mars 2019.

PSG, n'hésite pas à se montrer très interventionniste. À la suite d'une critique liée à son niveau et son temps de jeu en Angleterre, elle m'a clairement interpellé en message privé sur Instagram pour me demander de baisser les yeux si je croisais son mari !

Suivie par 110 000 personnes sur Instagram, elle se met en scène sur les réseaux sociaux. Très heureuse d'avoir été choisie par le magazine *Harper's Bazaar* parmi les femmes de joueurs à suivre durant le Mondial 2022, elle peut espérer voir sa communauté grandir. Son site, *Welcome to Marrion's World*, propose : « Recettes, Pilates, City, Happiness. Pour 8,5 euros par mois, vous pouvez entrer dans le monde merveilleux de madame Areola. Il faut pour cela répondre au critère principal : si vous êtes une personne positive, welcome !! » Elle ajoute : « Au travers du contenu que je crée, je veux rire, discuter, partager et simplement construire ici une famille avec des personnes bienveillantes et avec lesquelles nous pourrons nous soutenir mutuellement » !

Très tôt, elle a voulu influer sur la carrière de son mari. Au début de la saison 2016-17, elle a provoqué un scandale dans le bureau d'Olivier Létang, alors directeur sportif du PSG, après avoir appris qu'il serait en concurrence avec Kevin Trapp.

Parce qu'elle avait envie de partir vivre à Londres, elle a poussé son mari à changer d'agent pour s'engager avec Mino Raiola, qui gérait déjà les intérêts de plusieurs joueurs du PSG. Pas question d'être prêté à nouveau en Espagne. Ce serait Londres ou rien. Durant l'été 2020, une maison fut achetée dans la capitale britannique, et mise en avant sur les réseaux sociaux avant même l'officialisation du nouveau club du joueur. Même s'il est remplaçant à West Ham, même si la Ligue des Champions est un lointain souvenir, Alphonse

Areola reste international tricolore et son épouse est heureuse en banlieue de Londres. Un quotidien semblable à un film de Mary Poppins, rythmé par le *five o'clock tea* et les balades sous la pluie.

Au rayon des entourages néfastes, l'Olympique lyonnais a également connu quelques épisodes marquants. Lors de l'été 2018, le club est sur le point de conclure le transfert de Nabil Fekir à Liverpool pour près de 65 millions d'euros. La signature doit avoir lieu début juin à Rambouillet, tout près de Clairefontaine, où le joueur se trouve en rassemblement avec l'équipe de France. Le jour J, Fekir arrive au rendez-vous avec un avocat et son beau-frère, lesquels affirment vouloir reprendre les négociations à zéro, notamment en vue d'empocher une commission, à en croire Jean-Pierre Bernès, agent de l'attaquant à l'époque. Le conseiller juridique du joueur estime sa présence et celle d'un membre de sa famille nécessaires, en raison selon lui du caractère précipité de la signature du contrat, initialement prévue après le Mondial d'après Fekir. Après cette ultime entrevue, les dirigeants des Reds renoncent définitivement au transfert du jeune capitaine de l'OL.

Hatem Ben Arfa, autre joueur formé à Lyon, a également vu ses proches intervenir de manière abusive dans sa carrière. Contrairement à d'autres, il a décidé de couper rapidement les liens avec ses parents pour se placer sous la protection de Michel Ouazine, ancien voisin de la famille et agent du joueur durant de nombreuses années. Le père a accusé à plusieurs reprises le conseiller de son fils de se comporter comme un gourou et de lui avoir « volé » son rejeton. Outre cette tragique rupture familiale, Hatem a connu un autre épisode douloureux lié à son entourage. Musulman pratiquant, le jeune homme est en pleine quête spirituelle au début de sa carrière. Il cherche à obtenir des conseils pour mieux vivre sa foi. Une situation courante dans le milieu du football français, qui donne parfois lieu à des rapprochements douteux entre des garçons souvent vulnérables et certains religieux aux pouvoirs de persuasion bien rodés. Hatem Ben Arfa entre alors en contact avec l'artiste Abd al Malik, figure consensuelle de la scène musicale française qui se trouve être également l'un des ambassadeurs à l'international de la Tariqa Qadiriya Boutchichiya, une confrérie soufie basée au Maroc. Alliée essentielle du royaume chérifien, l'organisation est parfois décrite comme un mouvement religieux aux accents sectaires. Les deux Français affichent publiquement leur amitié jusqu'au jour où ils effectuent ensemble un voyage à Oujda, la ville où se trouve le leader de la confrérie. Alors qu'il est présenté au chef spirituel, Hatem Ben Arfa affirme qu'on lui demande de « baiser les pieds » du maître. Le dribbleur fou refuse catégoriquement et rompt aussitôt avec la Tariqa Boutchichiya. Il affirmera plus tard avoir été sauvé ce jour-là par son « égo », avant que l'organisation ne tente de lui soutirer de l'argent. Ben Arfa accuse clairement Abd al Malik d'avoir voulu l'endoctriner. D'après l'ancien international, le rappeur-slameur-auteur aurait notamment tenté de le couper du monde extérieur et de l'enjoindre à se soumettre au maître marocain, tout en qualifiant d'ennemis ceux qui allaient à l'encontre de ses enseignements. Une polémique qui poussera Abd al Malik à annoncer une plainte contre le joueur. Mais il n'y aura finalement aucune suite judiciaire à cette affaire.

Les entourages toxiques, proches problématiques et autres parents parasites n'ont pas fait irruption du jour au lendemain dans le milieu du football français. Ils se sont immiscés progressivement, profitant de la passivité des instances dirigeantes, de l'indulgence des clubs et même d'une justice laxiste. Deux affaires auraient pourtant dû nous alerter, constituant de manière rétroactive les prémices de la situation actuelle. En mars 2004, Abdelmalek Cherrad, jeune attaquant prometteur de l'OGC Nice, disparaît du jour au lendemain avec sa compagne et leur fils de 20 mois. Peu avant cette disparition inquiétante, le Franco-Algérien avait demandé au club de lui verser son salaire par le biais d'un chèque au lieu du virement habituel sur un compte joint détenu avec… son grand frère Kamar, ancien joueur professionnel. Sans nouvelles de l'avant-centre des Fennecs, les dirigeants niçois décident de licencier le joueur pour « abandon de poste et non-exécution de son contrat de travail » avant de revenir à de meilleurs sentiments et d'opter pour une simple « suspension de contrat » lors de son retour, deux mois plus tard. Convoqué par la brigade criminelle de Nice, Abdelmalek Cherrad, diminué physiquement, explique alors s'être réfugié avec sa famille dans le sud de l'Espagne pour fuir ses frères, au risque de mettre en danger sa carrière. Il détaille à la police le calvaire qui l'a poussé à disparaître brusquement : coups, menaces, insultes. Son frère Kamar, avec lequel il partageait donc un compte commun, siphonnait la quasi-totalité de son salaire mensuel. Connu de la justice pour plusieurs affaires d'extorsion, celui qui se présentait comme l'agent d'Abdelmalek sera peu après condamné à six mois de prison avec sursis pour menaces de mort et injures antisémites envers Maurice Cohen, président de l'OGC Nice à l'époque des faits.

Une dizaine d'années plus tard, l'affaire Adebayor éclate. L'homme n'est pas un ressortissant français mais possède un lien fort avec l'Hexagone depuis son passage à Metz puis

Monaco. Le témoignage de l'international togolais permet pour la première fois de mettre à nu certaines dérives liées aux traditions de solidarité ancrées dans de nombreuses sociétés africaines. Un système qui fait la part belle au partage, et où l'individu est forcé de se fondre dans le collectif, à mille lieues des mœurs occidentales essentiellement basées sur la réussite personnelle. Dans des pays où les maisons de retraite n'existent pas, prendre soin des siens relève non pas de la morale mais de la quasi-obligation. Des traditions louables mais difficilement compatibles avec la démesure bling-bling de la planète football. Un choc des cultures qui a abouti à une hérésie dont les émanations sont aujourd'hui en partie à l'origine de certains scandales qui éclatent régulièrement dans le milieu. Les familles ne comptent plus seulement sur l'argent des joueurs pour vivre décemment, mais pour mener une vie de luxe. Le 5 mai 2015, Emmanuel Adebayor décide de régler publiquement ses comptes avec sa famille par le biais d'un post Facebook. Le joueur y fait des révélations ahurissantes, sur lesquelles il donnera de nouveaux détails édifiants au fil des années. Un véritable système de racket organisé par ses propres frères, sa sœur et sa mère, qui exigeront de lui des sommes toujours plus importantes, en employant des méthodes extrêmes : menaces physiques, vols, magie noire, pression sur ses employeurs, chantage aux fausses révélations dans la presse… Adebayor avoue avoir pensé plusieurs fois au suicide mais précise avoir exposé son cas personnel afin que « d'autres familles africaines apprennent de ceci ». Une démarche qui n'aura pas l'effet escompté. Les travers décrits par l'ancien joueur d'Arsenal toucheront au contraire d'autres joueurs, notamment ceux issus de la diaspora africaine en France. Des footballeurs professionnels originaires pour la plupart des quartiers populaires, de ces grands ensembles où une forme de destin commun l'emporte fréquemment sur les trajectoires individuelles. Dès leur plus jeune âge, les enfants sont liés les uns aux autres par plusieurs facteurs, dont leur statut de descendants d'immigrés et leurs origines sociales modestes. Des similitudes qui les amènent à sceller de manière implicite un serment de fraternité, quoi qu'il advienne par la suite. Les amis deviennent ainsi la « famille ». Le fait que ces joueurs quittent souvent leur foyer dès l'adolescence les amène à renforcer ces attaches, pour ne pas perdre pied avec le quartier, quitte à opter pour un excès de zèle qui pourrait faire vaciller leur carrière. Un état d'esprit parfaitement résumé dans les valeurs prônées au sein du rap français, notamment par PNL, duo composé de deux frères originaires de la cité des Tarterêts, à Corbeil-Essonnes. Leur crédo : QLF (Que La Famille), qui se trouve être également le nom de leur premier EP et celui de leur label. Une manière pour le groupe, considéré par certains comme le plus grand de l'histoire du rap français, de marteler leur loyauté vis-à-vis du clan, malgré un succès qui se conjugue aujourd'hui à l'international. Une grille de lecture qui permet de mieux saisir certains scandales dans lesquels sont impliqués des joueurs français. L'exemple le plus célèbre : Karim Benzema. Son rôle d'intermédiaire dans la fameuse affaire de la sextape s'explique avant tout par sa fidélité envers son ami d'enfance, Karim Zenati, partie prenante dans la tentative de chantage à l'encontre de Mathieu Valbuena, son coéquipier chez les Bleus. Connu pour son comportement respectueux sur et en dehors des terrains (aucun carton rouge récolté durant sa carrière), issu d'une famille sans histoires, le Ballon d'Or 2022 a eu la faiblesse, comme tant d'autres, de ne pas savoir dire « non » à cet entourage problématique.

De Benzema, ceux qui le connaissent ou qui ont eu affaire à lui professionnellement disent tous la même chose. Seul, c'est un type formidable. Mais s'il est entouré de certains de ses amis, c'est comme s'il voulait surjouer le côté « caïd de banlieue », ce qu'il n'est pas. Il peut, de passage à Paris, débarquer dans une boutique de luxe avec des potes, lâcher 200 000 euros en shopping et surtout voir ses amis très mal se comporter. Benzema aime entretenir cette ambivalence. Suivre et « liker » des rappeurs aux comportements douteux. Entretenir des amitiés avec eux puis participer aux fameux conflits qui sont le sel de ce genre musical.

Il est aujourd'hui courant de voir des footballeurs de haut niveau accompagnés d'une « cour », généralement composée d'amis d'enfance et de membres de leur famille, frères ou cousins. Des personnes qui jouent parfois un rôle de stabilisateur essentiel dans la carrière d'un sportif professionnel mais qui peuvent aussi être tentées de profiter des largesses de leur « frère », notamment lors des vacances. À défaut de réserver des voyages *all inclusive* comme des Français moyens, ces sportifs fortunés font logiquement appel à des conciergeries de luxe. Jérémy Vosse dirige l'un des établissements les plus prestigieux du genre : Premium Conciergerie. Il organise de A à Z les séjours de plusieurs footballeurs célèbres : les îles paradisiaques pour les joueurs avec femme et enfants ; Miami, Los Angeles ou Dubaï pour les virées entre potes. Possédant déjà une longue expérience sur un marché florissant, Jérémy Vosse constate régulièrement des dérives lors de ce type de vacances : « Quand le joueur part avec ses copains, on peut vite arriver à des demandes inadaptées et des excès financiers. Notamment quand un ami ou un frère commence à s'improviser chef de meute et se met à vouloir dépenser sans compter alors que ce n'est pas son argent… Lorsque le cas se présente, je valide d'abord avec le principal intéressé. Je n'ai aucun client avec qui je ne traite pas directement.» À l'heure des réseaux sociaux, où chaque occasion de briller doit être mise à profit, certains entourages de joueurs sont tentés d'abuser pour en mettre plein la vue. Face à ces comportements, le patron de Premium Conciergerie agit en bon père de famille: «La plupart de ces joueurs pourraient être mes enfants. Lorsque certains de leurs amis les encouragent à prendre un jet privé pour se rendre sur place, je les dissuade en leur expliquant que le jet fera le même trajet qu'un avion de ligne, avec la même durée. À part en faire une story sur Instagram, ça ne sert absolument à rien!»

S'ils constituent aujourd'hui un problème majeur, les frères, cousins et amis des jeunes footballeurs ont longtemps représenté une porte d'entrée astucieuse pour certains agents. Les plus insatiables ont misé sur leur influence auprès des joueurs pour les avoir sous contrat, ou les convaincre d'accepter un transfert synonyme de jackpot. Pour les proches, le coup de pouce qu'ils auront donné peut être l'occasion de monnayer une rétrocommission; ou tout au moins de leur permettre de demeurer dans les parages sans risquer le bannissement. Une situation qui se traduit souvent par une colonie de vacances au très long cours dans une maison luxueuse, avec des amis qui vivent quotidiennement aux frais du champion. Une carte bleue pour faire le plein des voitures, une autre pour commander à manger et… aucune fille susceptible de mettre le grappin sur la poule aux œufs d'or. Une règle qui explique (avec les menaces de chantage type sextape) pourquoi le sexe tarifé, sujet tabou dans le milieu, s'est fortement développé au sein des cercles de jeunes joueurs célibataires.

Face à des situations devenues incontrôlables, les vérifications liées aux entourages toxiques sont devenues une part importante du travail des agents français. Les plus consciencieux fixent des limites draconiennes : si le joueur vient à un premier rendez-vous flanqué de deux amis, c'est une faute éliminatoire d'entrée de jeu et il lui faudra s'orienter vers un conseiller plus téméraire, que l'idée de se retrouver au milieu d'un sac d'embrouilles n'effraie pas… Certains parents, inquiets pour l'avenir de leur enfant, cherchent à le faire changer de club afin de l'éloigner des amis trop intéressés et autres protecteurs improvisés, a fortiori quand le jeune évolue au sein des agglomérations parisienne, marseillaise ou lyonnaise. De leur côté, les clubs de l'Hexagone tentent timidement d'imiter leurs homologues des quatre grands championnats européens, qui n'hésitent pas à renoncer aux joueurs accompagnés d'une escouade de courtisans. Particulièrement lorsqu'il s'agit des footballeurs français, dont la mauvaise réputation a depuis longtemps dépassé nos frontières. En cas de discussions avancées avec un jeune joueur, les grosses écuries du continent n'offrent que deux billets d'avion : l'un revient à leur potentiel futur employé, l'autre à un seul membre de la famille, père ou mère.

Comme un symbole, le PSG, qui domine depuis des années le football français, semble complètement dépassé par les événements. De jour comme de nuit, les joueurs parisiens sont susceptibles d'être pris dans les mailles du filet d'un entourage malveillant ou de voyous au plan d'attaque bien rodé. Le club de la capitale ressemble à une vitrine de produits de luxe sans système d'alarme. Situé à seulement 30 minutes de voiture de Paris, le Camp des Loges est souvent décrit comme une véritable cour des miracles. D'anciens dirigeants parisiens avouent même avoir caché à plusieurs reprises des joueurs dans le coffre de leur voiture afin de les protéger des sollicitations incessantes à la sortie du centre d'entraînement. Une situation burlesque mais qui restait acceptable comparée aux scandales les plus récents, qui relèvent désormais du grand banditisme. Des affaires où certaines personnes sont montées dans le coffre d'une voiture, mais sans l'avoir demandé, cette fois-ci.

4

« Si t'es clean dans ce métier, tu ne fais rien... »
Un agent qui s'assume

Au cours de l'année 2015, Clément et Grégory, les agents évoqués dans le chapitre précédent, débutent dans le métier. Un manque d'expérience qui ne les empêche pas d'entrer en contact avec un jeune international français annoncé comme un futur grand. Dans ce milieu, le label « annoncé comme un futur grand », c'est une promesse. Le tampon peut être apposé par les médias après un bon match que tout le monde a vu à la télé. Un agent proche d'un journaliste peut aussi être la source. « Tu devrais suivre le petit, bientôt il va tout casser... » Un journaliste ne laissera pas passer l'occasion de connaître, d'avoir dans ses contacts, un jeune joueur « futur grand ». En se débrouillant bien, on peut entretenir une relation qui soit bénéfique pour tout le monde. Je vous laisse imaginer les répercussions d'une relation privilégiée avec Mbappé... Ancien journaliste à *L'Équipe*, Bilel Ghazi a été embauché par la famille de l'attaquant français. Julien Maynard était journaliste sur TF1, il a désormais en charge les relations presse au PSG. Il se défend d'avoir profité de sa bonne relation avec la star des Bleus. On veut bien le croire, mais il ne peut empêcher beaucoup de gens dans le milieu de voir les choses autrement. Même dans le vestiaire parisien, certains joueurs se méfient de lui, convaincus qu'il a été placé là par la famille Mbappé. Ce genre de relation existe depuis longtemps. Raphaël Raymond est passé de journaliste cireur de pompes de Deschamps à attaché de presse de l'équipe de France…

Agent, journaliste, directeur sportif… Il vaut mieux ne pas se tromper. Bruno Irles, en charge des jeunes à Monaco, époque « Mbappé futur grand », vivra pour toujours avec sur le front le tampon : « Je n'ai pas fait jouer Mbappé ». L'affaire est un peu plus complexe mais le clan du surdoué avait été froissé et Luis Campos, alors conseiller du club, avait tranché : « Des types comme Irles, j'en trouve à tous les coins de rue, des joueurs comme Mbappé, non ! » C'est dur, mais difficile de lui donner tort.

Mais revenons à nos deux agents débutants. Le contact avec le jeune joueur se passe tellement bien qu'après quelques échanges, ils sont sur le point de conclure un contrat de sponsoring avec un équipementier de renom. Le champagne n'est pas encore ouvert lorsque Clément reçoit un appel provenant d'un numéro inconnu. L'homme qui se présente, lui, n'est pas un inconnu. Le jeune agent parle à l'un des plus célèbres agents de la planète : Mino Raiola !

L'Italo-Néerlandais, qui gère les intérêts du joueur en question, va se montrer clair et persuasif. Dans un français impeccable (il maîtrisait correctement six langues, surtout si c'était pour parler oseille), l'ancien poids lourd du marché adresse un premier et ultime avertissement à Clément : « Tu vas te retirer de ce dossier et disparaître dans la seconde qui va suivre cette conversation. Ne t'approche plus jamais d'un seul de mes joueurs. » Le jeune agent entend ensuite parler de genoux qui pourraient être abîmés, de rues à ne plus traverser tranquillement et de voiture aux vitres teintées. Le futur grand joueur n'a plus jamais eu de nouvelles de nos deux jeunes agents. Ils l'ont transféré dans la catégorie « numéro inconnu ».

Plusieurs années après cette première frayeur, le duo connaît un autre épisode semblable. Le père d'un jeune joueur français formé au Paris Saint-Germain entre en contact avec eux. Il n'est pas satisfait du travail réalisé par la structure qui gère la carrière de son fils, composée de trois personnes issues de la Seine-Saint-Denis. Après un premier rendez-vous au domicile de la famille, les deux parties sont sur le point de trouver un accord pour travailler ensemble. Deux jours après cette entrevue, Grégory sort de son domicile lorsque deux hommes en maxi scooter sportif TMAX s'approchent de lui à lente allure avant de s'arrêter à sa hauteur. Celui assis à l'arrière descend et, sans retirer son casque, ouvre la fermeture Éclair de sa veste pour laisser apparaître une arme à feu. Il ne prononce que cinq mots à l'attention de son interlocuteur : « Tu oublies le petit, définitivement. » Grégory est tellement terrifié qu'il a encore les mains levées en guise d'approbation lorsque les deux motards repartent en trombe.

Ces méthodes musclées ne sont pas inédites dans le milieu mais elles se sont répandues depuis l'entrée en jeu de certains « caïds » des cités. Des nouveaux venus qui sont loin de posséder le même niveau de complicité avec les clubs et les instances dirigeantes que les agents traditionnels. Ils comptent donc sur leurs atouts : proximité sociale et/ou communautaire avec les joueurs, accompagnement dès le plus jeune âge pour les plus visionnaires et… coups de pression. Bref, l'idée que la fin justifie tous les moyens. Aucun élément extérieur ne doit venir se mettre en travers de leur route, au moins jusqu'à la signature d'un premier contrat professionnel synonyme de grosse prime. Pour encaisser le jackpot, ces intermédiaires, qui se disent conseillers aux fonctions floues, peuvent compter sur l'anarchie actuelle du système français. Si l'OL entretient l'image d'un club qui refuse de discuter avec une personne ne possédant pas la licence FFF, ces faux agents parviennent aisément à conclure des affaires avec des directeurs sportifs peu soucieux de savoir à qui ils parlent vraiment.

Certains DS en profitent même pour se glisser dans les deals et exiger une rétrocommission. Totalement illégale mais bien ancrée, cette méthode constitue une porte d'entrée idéale pour les « agents chicha ». Le procédé peut concerner d'autres acteurs du circuit et n'a rien de nouveau. Les entraîneurs peuvent eux aussi se laisser « influencer » dans leurs choix. Au début des années 2000, Luis Fernandez, alors coach du PSG, se voit proposer d'engager une recrue contre la somme d'un million d'euros, déposée sur un compte numéroté au Luxembourg. Face à cette proposition, l'ancien international appelle son président, Laurent Perpère, pour lui demander de cesser toute collaboration avec l'agent en question. Vingt ans plus tard, ce type d'offres est désormais courant. On tourne autour de la légalité et on ne peut accuser personne, mais quand un coach partage le même agent que certains joueurs, on se dit que tout est possible, non ? Il paraît que le soupçon produit plus de mal qu'il n'en prévient... Francis Bacon ajoute même que « le soupçon est, parmi nos pensées, ce que la chauve-souris est parmi les oiseaux, comme elle, il ne voltige que dans l'obscurité ». Le problème, c'est que le philosophe anglais ne pouvait pas savoir, au XVIe siècle, que le foot voyagerait aussi régulièrement dans l'obscurité.

Le système est simple, bien rodé et n'est pas sans rappeler celui des fausses factures, usé jusqu'à la corde par les partis politiques français. Exemple : un agent propose un joueur à un directeur sportif. La commission sur la transaction qui revient au premier s'élève à 100 000 euros, sur lesquels le représentant du club va exiger une rétrocommission de 30 000 euros. Pour permettre ce versement, ils font intervenir une société basée en France qui va facturer une prestation fictive de 30 000 euros à l'agent. Puis cette société, évidemment de mèche, va ressortir cette somme pour la remettre au directeur sportif. Voilà comment la corruption a envahi le football français, quitte à fausser totalement le jeu, au sens propre. Car au-delà du caractère malhonnête de ces méthodes, le niveau sportif, la stratégie et les comptes des clubs sont directement impactés. Les exemples qui ont attiré l'attention des journalistes et des supporters sont là pour en témoigner : prix exorbitants de certains joueurs moyens, recrutements totalement incohérents, etc. Un ancien membre de la direction sportive de l'AS Monaco (qui officie encore en Ligue 1) est surnommé dans le milieu « Monsieur 30 % ». Mais il paraît qu'il y a beaucoup de mauvaises langues dans notre foot.

Lorsque les clubs acceptent de discuter du transfert d'un joueur avec des personnes peu recommandables, la transaction se heurtera toujours au même obstacle : la licence. Un obstacle rendu cependant plus facile à contourner en raison de l'inflation du nombre d'agents constatée depuis quelques années. Pour la saison 2022-2023, le site de la FFF comptabilise entre 500 et 600 personnes disposant du fameux sésame. Environ 50 d'entre elles règnent sur la profession avec de nombreux mandats (de joueurs ou de clubs[10]) déposés.

---

10 Les clubs peuvent confier un mandat à un agent en vue de vendre un joueur. Le montant de la vente et la commission perçue par l'agent en cas de réussite sont inscrits sur le document.

Une cinquantaine d'autres en possèdent trois ou quatre. Près de 100 licenciés parviennent à travailler en ayant obtenu un ou deux mandats seulement. Entre 300 et 400 agents n'ont donc aucune activité. Une aubaine pour les intermédiaires qui souhaitent conclure des affaires. Le procédé est simple : les « sans licence » approchent l'agent habilité mais inactif pour lui proposer d'utiliser sa « carte ». Ce dernier signe le deal à son nom puis reverse la commission à ses nouveaux amis, sans oublier évidemment d'en garder une partie dont le montant aura été fixé précédemment.

Une situation qui scandalise l'UASF, qui a protesté à plusieurs reprises contre cette multiplication des agents (environ une trentaine de nouveaux admis par an). Les tontons regrettent l'époque où ils n'étaient qu'une trentaine à démarcher 1000 à 1200 joueurs professionnels. Afin de remédier à ce désordre, ils ont proposé entre autres de mettre en place un *numerus clausus* qui limiterait la profession à une centaine d'élus. Une solution refusée par la FFF. À vrai dire, ça ne règlerait rien du tout !

Pire, depuis maintenant plus d'une dizaine d'années, les tontons ont vu arriver une nouvelle catégorie de concurrents sur le marché : les avocats mandataires sportifs. Depuis la loi du 28 mars 2011, les robes noires ont été autorisées à exercer la profession d'agent. Une disposition qui a poussé l'UASF à monter au créneau pour porter l'affaire devant la justice. Les vieux briscards ont même obtenu une victoire (provisoire car l'Ordre des avocats s'est pourvu en cassation) puisque la Cour d'appel a décidé de restreindre[11] le champ d'action de

11 Arrêt du 14 octobre 2021 qui interdit aux avocats d'être rémunérés par les clubs. Ces derniers se voient également interdire la mise en relation entre un joueur et un club en vue de la conclusion d'un contrat.

leurs adversaires. Le contentieux entre les deux camps avait d'ailleurs donné lieu à une confrontation musclée dans l'*After Foot*[12] entre Bruno Satin, membre de l'UASF, et Jim Michel-Gabriel, président de l'ADAMS (Association des avocats mandataires sportifs). Le premier reprochait au second d'avoir couvert certaines opérations illicites et de ne pas être soumis aux mêmes obligations que les agents licenciés, contrôlés par la FFF. Le second reprochait au premier de mettre « les doigts dans le pot de confiture » et de refuser l'évolution du métier, et notamment l'arrivée de la concurrence.

En dépit de l'arrêt de la Cour d'appel de Paris, les avocats mandataires sportifs n'ont pas vraiment perdu de terrain. Certains sont même devenus des acteurs majeurs dans le domaine, comme Badou Sambague. L'ancien joueur professionnel reconverti en avocat d'affaires gère actuellement les intérêts d'une vingtaine de footballeurs. « J'ai commencé par aider deux joueurs en difficulté qui font partie de ma famille puis plusieurs amis de la ville où j'ai grandi (Les Andelys) m'ont sollicité pour intervenir sur des contrats », précise l'ancien international espoir malien. Face aux critiques des tontons qui soupçonnent une forme d'arrivisme, il invoque le caractère précieux de sa polyvalence et de sa connaissance intime du domaine : « Un joueur de football est aujourd'hui une multinationale à lui seul. Il a donc besoin de conseils juridiques que je suis apte à lui fournir. Mais mon rôle d'avocat mandataire sportif est beaucoup plus large puisqu'il comprend une expertise qui permet à mes joueurs d'opérer des choix en termes de carrière et de sponsors, entre autres. Je travaille dans le football car je connais ce milieu. Je ne pourrais pas

12 Émission du 11 février 2021.

faire ce travail dans un sport comme le basket, par exemple.» D'autres parmi ses confrères ont vu cette activité annexe se développer récemment, notamment durant la crise du Covid-19. Une période durant laquelle de nombreux joueurs ont connu des difficultés. L'avocat Yassine Bouzrou, célèbre pénaliste, a été particulièrement sollicité par des joueurs de premier plan depuis cette période. Très au fait de l'actualité dans le domaine, ce supporter invétéré de l'OM, qui n'hésite pas à prendre l'avion pour soutenir son équipe favorite, insiste sur la spécificité de ses modalités d'exercice. Des atouts qui expliqueraient la réussite de ces conseillers particuliers: «Nous sommes soumis à la déontologie de la profession, qui délimite un cadre strict, et nous sommes contrôlés par l'Ordre des avocats, qui n'hésite pas à radier les contrevenants. Deux éléments qui offrent une sécurité et une transparence aux joueurs. Aussi, nous sommes rémunérés en honoraires et non sur les salaires des footballeurs[13]. Une différence fondamentale avec les agents sportifs.» Mais d'après ces derniers, de nombreux avocats débutants ou en mal de clients sont tentés de servir de couvertures pour tous les apprentis agents sans diplôme ni licence et dont les compétences se résument à être des amis ou parents de joueurs.

Définitivement distancés par la «nouvelle vague» (voir chapitre 2), les agents traditionnels tentent donc de contenir les autres prétendants en ouvrant plusieurs fronts à la fois. Parallèlement à ce succès temporaire contre leurs concurrents du barreau, les membres de l'UASF traquent ceux qu'on

13 Les agents touchent une commission sur la rémunération de leur joueur. Celle-ci est plafonnée à 10 % du salaire versé par le club au footballeur.

nomme les « faux agents », qui se confondent souvent avec les rebelles issus des quartiers. Pour cela, ils ont réussi à mettre en place une commission fédérale des agents sportifs de la FFF, parfois décrite dans le milieu comme un redoutable organe de délation… Faut-il voir la main de l'organisation derrière certaines initiatives policières dans le milieu ? Avec ou sans leur aide, les forces de l'ordre ont récemment procédé à quelques spectaculaires opérations, dont les perquisitions dans les locaux de l'AS Saint-Étienne et du SCO d'Angers en juin 2022 (puis en janvier 2023 pour le club angevin). En lien avec des transferts douteux au sein de ces deux clubs, une enquête a été ouverte pour « exercice illégal de la profession d'agent sportif » et « blanchiment aggravé » contre trois personnes, dont une seule possède la licence FFF. Au regard des chefs d'accusation et des profils ciblés, la possibilité d'un coup de pouce des tontons ne semble pas complètement farfelue… Mais ce coup de filet se révèlera en définitive un coup d'épée dans l'eau puisqu'à ce stade, aucune suite judiciaire n'a été donnée à cette affaire.

Pour attirer les candidats les plus consciencieux, les anciens de l'UASF possèdent un atout majeur, voire décisif puisqu'ils organisent eux-mêmes… le concours d'agent sportif, par le biais de cette fameuse commission fédérale. L'examen, sous la forme d'un QCM comportant une partie sport et une partie juridique, est extrêmement sélectif puisque le taux de réussite se situe sous le seuil des 5 %... Plus élitiste encore que Polytechnique, l'ENA et Sciences Po. De nombreuses personnes possédant pourtant une expérience significative dans le milieu ont échoué au concours. Certaines n'hésitent pas à évoquer l'emprise d'une véritable « mafia » et à dénoncer une forme de collusion malsaine. À leurs yeux, il n'y a pas de doute : à moins de connaître les membres du jury et les agents influents de la commission, vous n'avez aucune chance d'être admis. Un filtrage serré qui aurait toujours le même objectif : moins d'agents sur le marché, plus de travail pour les licenciés.

Mais si les tontons parviennent encore à agir pour contrer les concurrents que nous venons d'évoquer, ils semblent quasiment désarmés face aux nouvelles et puissantes structures qui semblent devoir former de façon inéluctable un nouvel « empire ». Classico, la plus célèbre entreprise française du genre, a été fondée en 2011 par Jonathan Maarek et Harold Ichbia, avec l'aide d'un investisseur israélien. Après des débuts difficiles durant lesquels ils encaissent le surnom clairement antisémite de « Juifs de Neuilly », assorti au passage du conseil de ne pas bosser avec eux, ils s'imposent peu à peu sur le marché. Sur l'aspect « religieux », il faut s'arrêter un instant. L'ambivalence des mecs de quartier à l'égard de « l'agent juif » puise sa référence culturelle aux USA. L'a priori antisémite est réel et incontestable. Le cliché « Juif=argent » est manié sans retenue. Dans ce qui semble être un curieux paradoxe, on trouve plusieurs morceaux de rap US osant une référence décomplexée au fait qu'il faille bosser avec un agent juif si on veut faire du blé ! On trouve également trace de cet antisémitisme en NBA, où le joueur des Nets Kyrie Irving a récemment été sanctionné et a perdu son contrat Nike pour avoir fait la promotion d'un film antisémite. Et puis, puisque la référence ultime et fondatrice de la « pensée quartier » trouve sa source dans *Scarface*, dès que Tony Montana devient riche et qu'il doit gérer son argent, c'est évidemment un (faux) banquier juif qui lui causera des soucis.

Malgré ce surnom et les a priori, les « Juifs de Neuilly » deviennent très actifs dans le milieu. La stratégie est désormais éprouvée et ils en ont fait une marque de fabrique : agressivité sur le marché, maîtrise des codes de la nouvelle génération, volume important de joueurs. La structure aurait déjà « soufflé » près d'une dizaine de recrues, dont Alexis Beka Beka et Christopher Jullien, à des agents de l'UASF. Près de 25 personnes travaillent avec Classico, parmi lesquelles de nombreux éléments issus des quartiers, mais seul le co-fondateur Jonathan Maarek possède une licence. Une entreprise qui mise beaucoup sur l'extra-sportif pour séduire ses cibles : sorties dans les grands restaurants, shooting photo pour les réseaux sociaux et… jolies filles présentes un peu partout, y compris dans leurs luxueux locaux du 8e arrondissement parisien. Leur spécialité consiste à cibler des joueurs en fin de contrat, les convaincre d'abandonner leur agent pour les rejoindre, avant de conclure un transfert à l'étranger pour engranger les commissions. Mais si le succès est au rendez-vous, les méthodes pour y parvenir sont sujettes à polémique. Classico serait en effet connue pour « arroser » les interlocuteurs clés d'un dossier quand cela s'avère nécessaire. La structure aurait notamment versé 150 000 euros aux parents de Janis Antiste, ancien joueur de Toulouse qu'ils ont ensuite transféré en Italie. L'agence aurait également remis 150 000 euros en guise de dédommagement à un agent qui avait entamé une procédure judiciaire après avoir perdu un autre ancien joueur du TFC. Face à ces pratiques illégales mais répandues en France, de vieux briscards du métier accusent Classico d'avoir largement contribué à corrompre le milieu… De leur côté, les agences de l'empire dénoncent une forme d'hypocrisie. Selon elles, il est désormais impossible de ne pas offrir une part du gâteau avant la conclusion d'un contrat. Impossible aussi de résister à la tentation de conquérir de nouvelles parts de marché, quitte à violer le règlement.

Plusieurs mastodontes étrangers implantés sur notre territoire semblent d'ailleurs s'affranchir de toute éthique en la matière, reléguant l'agence Classico au rang de petit joueur qui ne parvient pas vraiment à conclure de transferts spectaculaires. Quant aux « anciens », ils se montrent d'autant plus agacés par la montée en puissance d'une agence comme Classico qu'ils ne voient rien de novateur dans leurs méthodes. « Avoir des locaux en ville, mettre une secrétaire avec des gros nichons à l'accueil et réserver des tables dans des beaux restos à la mode, c'est ça la nouveauté ? » lâche un agent réputé. Après avoir bien ri de la « punchline », nous avouons avoir pensé que ce n'était peut-être pas si difficile que ça de séduire des jeunes joueurs et qu'il y avait de bonnes idées dans ces nouvelles méthodes…

Dans la division supérieure, on trouve l'agence Stellar. Tellement connue pour sa générosité qu'elle a donné naissance à un surnom pour décrire son style : le « système Stellar ». Une manière de signifier qu'elle joue dans une autre galaxie. C'est d'ailleurs déjà le cas d'un point de vue juridique puisque cette agence britannique, dirigée par Jonathan Barnett, n'est pas soumise à la législation française. Omniprésente sur le marché hexagonal, Stellar ne compte aucun agent licencié en France mais déclare la présence de cinq « consultants » sur notre sol. Pour convaincre la famille d'un joueur de les rejoindre, la structure utilise un procédé très en vogue outre-Manche. Elle accompagne les parents dans la création d'une entreprise qui lui adresse ensuite quelques factures avec plusieurs zéros qui, une fois réglées, viendront remplir leur compte en banque. Une manière détournée d'offrir aux parents une part du magot avant toute signature avec leur fils. Mais face à la passivité des instances françaises, Stellar n'a parfois même pas besoin de recourir à cette méthode. Un exemple : le cas Eduardo Camavinga. À l'automne 2020, le jeune international français est proche de prolonger son contrat avec le Stade rennais, son club formateur. Mais à la fin du mois de novembre, ce qui n'était qu'une rumeur se confirme : le joueur de 18 ans se sépare de son agent, Moussa Sissoko, qui gérait ses intérêts depuis ses débuts professionnels. Sollicité de toutes parts, Eduardo, conseillé par son père Célestino Camavinga, signe quelques jours plus tard avec… Stellar. L'été suivant, le footballeur s'engage pour six ans avec le Real Madrid. Entre-temps, la polémique enfle dans les cercles d'initiés : Stellar aurait payé le père. L'agence aurait versé une somme comprise entre 2 et 3 millions d'euros par le biais d'un compte bancaire à Dubaï (paradis fiscal et circuit de blanchiment très prisé dans le milieu du football), où Célestino Camavinga se serait rendu pour récupérer les fonds. Ce dernier croit dans un premier temps à un don de l'agence. Il s'agit en réalité d'une avance sur le contrat signé avec Stellar pour racheter les droits à l'image de son fils… Pur produit du centre de formation de Rennes, Camavinga n'a pas été ciblé par hasard. Stellar, implantée sur la totalité du territoire, est particulièrement présente sur la ville et ses alentours pour récolter le plus tôt possible les fruits de l'école bretonne. Pour s'en donner les moyens, l'agence organise notamment dans la région ses propres rendez-vous festifs : les soirées Stellar. Des événements où sont conviés des jeunes footballeurs afin de leur donner un avant-goût du monde magique qui les attend, entre ballons de gaz hilarant et escort-girls recrutées pour l'occasion. Les mastodontes du marché se vantent régulièrement d'assurer aux joueurs une prestation novatrice à « 360 degrés » (en réalité déjà pratiquée par la plupart des agents traditionnels), de la gestion administrative à la conciergerie en passant par la stratégie de communication. Une palette de services à laquelle Stellar a certainement omis d'ajouter cette dimension récréative…

Arroser la famille, les proches, faire des cadeaux, tous semblent vouloir condamner ces pratiques mais tous doivent s'y soumettre de peur qu'un autre le fasse. Avec le sourire, un agent raconte : « Quand tu as ton deuxième rendez-vous avec la famille d'un joueur qui débarque avec une super voiture toute neuve et des fringues de luxe, sac à main haut de gamme et tout le reste… Tu sais que t'es cuit. Un autre a fait le taf avant. »

Autre représentant britannique de l'empire qui sévit en Ligue 1 : Base Soccer. Une agence qui, en France, travaille essentiellement avec l'Olympique de Marseille. Comment expliquer cette particularité ? En 2020, le propriétaire du club, Frank McCourt, décide de faire appel à un prestataire extérieur pour recruter un directeur sportif et sollicite CAA Sports, la filiale sportive de l'agence Creative Artists Agency, géant du secteur qui gère les intérêts de stars telles Brad Pitt, Beyoncé et Leonardo DiCaprio. Frappé de plein fouet par la crise du Covid, le mastodonte de l'industrie du spectacle est venu chercher un relais de croissance en Europe et souhaite investir dans le football. CAA Sports a notamment racheté l'agence Base Soccer, qui propose au président américain de Marseille un profil de dirigeant dont elle gère les intérêts : Pablo Longoria. Depuis l'arrivée de l'Espagnol, devenu entre-temps président du club, plusieurs joueurs de l'OM ont été incités de manière pressante à rejoindre les rangs de la structure, sous peine de représailles sur le plan sportif… En octobre 2021, Valentin Rongier doit renouveler son contrat[14] avec Franck Belhassen.

---

14 Les contrats signés avec les agents ne peuvent excéder deux années.

L'agent, qui lui a permis de passer du FC Nantes à l'OM, trouve son joueur de plus en plus distant. Ce dernier finit par lui avouer qu'il va rejoindre l'agence britannique Base Soccer afin de pouvoir envisager un transfert en Angleterre. Il n'y aura, en réalité, aucun départ. Le milieu de terrain signe, en effet, une prolongation de contrat avec l'OM jusqu'en 2026. Celle-ci était-elle conditionnée à son changement d'agent ? Selon plusieurs personnes proches du dossier, cela ne fait aucun doute.

Mais si les dirigeants marseillais ont obtenu satisfaction avec Rongier, il leur est arrivé d'échouer face à d'autres joueurs droits dans leurs crampons. À trois reprises, Pablo Longoria tente de convaincre Bamba Dieng de délaisser son agent Seydou Bocar Seck pour rejoindre sa « famille ». Le jeune joueur, champion d'Afrique en titre et mondialiste avec le Sénégal, refuse et se retrouve banni par l'entraîneur Igor Tudor. Une longue absence qu'on justifiera par une mauvaise attitude à l'entraînement ou une prise de poids intempestive. Dieng mettra plusieurs mois à revenir dans le groupe. Un retour qui sera motivé surtout par un déficit d'attaquants au club, à un moment critique de la saison de l'OM.

Autre exemple : Boubacar Kamara. L'international français, engagé avec Housseini Niakaté (l'ancien agent de Mamadou Sakho), est fortement encouragé à signer avec Base Soccer. Après une réponse négative du joueur, Pablo Longoria transmet le numéro de téléphone de la mère de Boubacar et d'amis à lui à plusieurs intermédiaires pour faire monter la pression, mais rien n'y fait. Inflexible face à la manœuvre, Kamara est poussé vers la sortie. Pur produit de la formation phocéenne, capitaine de toutes les équipes de jeunes jusqu'en U19, le natif de Marseille annonce contre toute attente à la fin de la saison 2021-2022 qu'il quitte son club de cœur pour Aston Villa. Un lobbying particulièrement agressif qui soulève de manière légitime la question d'un conflit d'intérêts au sein de l'OM… La gestion officieuse de la direction sportive aurait-elle, de fait, été confiée à Base Soccer ?

Le monde du foot oppose toujours la même réflexion quand on critique ces modes de fonctionnement. Des phrases comme des rengaines : « Tant que ça marche, tout passe. » « Les autres ne font pas mieux. » Véritable passionné et expert du foot, Longoria a redonné fierté aux Marseillais. Dans ces cas-là, les petits arrangements et la comptabilité passent au second plan. Ils ressortent toujours, des années plus tard. Mais entre-temps, le club a changé, les responsables aussi. On traverse une crise et puis on parle de reconstruction, de nouveau projet.

Ces stratégies d'exclusivité, ces politiques sportives consistant à travailler « toujours avec les mêmes » sont toutefois rejetées par beaucoup de grands clubs, comme le Real Madrid. Quitte à se priver de certains joueurs de classe mondiale, Florentino Pérez n'a jamais voulu travailler avec Mino Raiola pour une raison bien précise : éviter d'avoir un vestiaire sous son emprise. Et on se souvient qu'il y a un peu plus de dix ans, suite à l'arrivée de Cristiano Ronaldo, il avait tout fait pour réduire les « deals » avec le très influent Jorge Mendes, qui, en ayant placé plusieurs joueurs de son écurie au club, risquait de devenir le directeur sportif officieux des Merengue.

5

« Il faut maîtriser son discours, ses contenus et être son propre média. »

Sébastien Bellencontre,
fondateur de l'agence 4Success Group

« Carrière, finances, lifestyle : *Sports Elites*, le magazine des footballeurs professionnels ». C'est grâce à Jérôme Rothen que j'ai découvert cette revue, le soir de PSG-Maccabi Haïfa en Ligue des Champions. Il avait accordé une interview à ce magazine et avait apporté une dizaine de numéros dans le studio. Je ne sais pas si ça s'est entendu lors du début de l'émission, mais mon esprit a divagué. J'étais fasciné par cette revue que je tenais dans les mains. J'envoyais frénétiquement des photos d'articles à Abdelkrim. Ça existe et on l'ignorait. Un magazine pour les joueurs pro. Rien que pour eux. Un objet privé. T'es pas pro, ça ne sert à rien de l'ouvrir.

Soso Group, l'éditeur de ce magazine, c'est aussi une page internet pour comprendre la ligne éditoriale : « La globalisation du sport, sa marchandisation et les milliards de revenus générés annuellement par l'industrie ont transformé les athlètes en proies. Entre courtisans mal intentionnés, pseudo-conseillers et entourage parfois nocif, chaque sportif professionnel a besoin de repères fiables pour décider sereinement et maîtriser les jalons de sa carrière. De ce constat est né *Sports Elites*, un magazine hybride, impartial et bienveillant. *Sports Elites* est une communauté ayant pour objectif de permettre aux virtuoses du sport de comprendre et entreprendre.»

Cet OVNI médiatique nous est apparu à la fois fascinant et ridicule. Les contributeurs affichent des références étonnantes. Parmi eux, il y a notamment Fred Denat, ex-joueur du National qui cultive désormais «l'art de l'interview». Nous n'inventons rien, c'est réellement mentionné de cette façon. Présente aussi, Alexandra Loiseaux, fondatrice de «French Wags», un site qui offre un espace dédié à l'échange entre femmes de joueurs.

Les annonceurs sont nombreux. Mercedes, bien sûr. Banal. En attendant une pub pour les chars à voile, on préfère Goodwill Private Aviation. L'application IconSport permet aux joueurs de visualiser les photos de leur match en live. Cryobain, pour ceux qui veulent faire du bain froid à la maison. Votrecinema.fr pour avoir sa salle de ciné à domicile. Carea-Design, un garage à votre image, histoire de laisser sa Ferrari dans un endroit luxueux et pas dans un box de clodo! Et puis Hookssup, un vendeur de sneakers. C'est la faute de goût du magazine. On y présente, en effet, des Air Jordan 1 Low UNC. On va vraiment croire qu'un joueur pro va acheter une paire de baskets à 200 euros? Heureusement, il y a également les Dunk Low Off-White, à partir de 1000 euros. Il s'agit quand même de ne pas froisser le lecteur.

Quand on tient ce magazine entre les mains, on déconnecte. On nage dans cet entre-soi difficile à cerner. Cette succession de publi-reportages et d'interviews complaisantes et mielleuses a-t-elle un public? Comment savoir, puisque cette revue est gratuite. Elle est proposée aux joueurs qui, évidemment, ne vont pas payer pour lire. Restons sérieux. C'est donc un voyage dans un monde à part qui nous est proposé. Un moment d'évasion qui permet de comprendre les préoccupations des stars du foot.

On apprend à défiscaliser un bien à Bali ou à l'acheter en crypto-monnaie. On s'en doutait mais investir à Dubaï, c'est le moment car les prix sont encore abordables. La polémique déclenchée par les écolos et entretenue par une classe politique rivalisant de démagogie autour des déplacements du PSG en avion privé a dû amuser Samuel Bucciacchio, le créateur de Goodwill Private Aviation. Les trois quarts des clubs français voyagent grâce à ses appareils. Depuis le 17 décembre 2000, jour du premier vol, l'entreprise a assuré plus de 10 000 déplacements pour les clubs de L1. On tourne à cinquante vols par mois mais attention, uniquement pour cette compagnie. Le calcul ne prend pas en compte les voyages des stars du PSG, par exemple. Après l'humiliation de Madrid en mars 2022, tout le monde a lâché prise et les avions privés ont tourné à plein régime. Les joueurs partaient immédiatement après leur match le samedi ou le dimanche pour ne revenir que le mercredi. Messi et Neymar, très friands des allers-retours Paris Barcelone, ont passé quasiment plus de temps en Catalogne qu'à Paris durant toute la fin de saison.

L'édito de cette revue, à la périodicité incertaine, indique clairement que la démarche n'est pas journalistique. Nous voilà rassurés. Le gros entretien avec Layvin Kurzawa peut sembler a priori étonnant. Qui s'intéresse encore, en effet, à la carrière de ce joueur ? Mais celui qui est devenu, selon le directeur du magazine Vincent Gourbeyre, « le vilain petit canard » des médias, ne doit pas être jugé. Oui, c'est vrai après tout, il est footballeur professionnel, alors quelle différence est-ce que cela fait, de savoir s'il joue ou pas ? Pourquoi faudrait-il s'intéresser à ses performances ? Il a un contrat et c'est bien suffisant. Kurzawa est à l'aise durant la séance photo où il pose dans une tenue Louis Vuitton collab' Virgil Abloh et Nigo qui montre que niveau fringues au moins, il envoie du lourd. Il répond aux questions tranquillement car il est dans le confort. Et c'est ce que recherche le joueur. Rester dans le coton, ne pas être bousculé par un monde extérieur hostile. Contrôler. Oui, contrôler ! Maîtriser sa communication est une obsession. Le journaliste est un ennemi par nature. Le joueur n'a plus besoin de lui pour entrer en contact avec « son » public. Le relais n'est plus nécessaire. Reste que l'entretien n'est pas inintéressant et permet de comprendre plusieurs choses. Kurzawa reconnaît avoir fait des erreurs et ne pas toujours avoir été sérieux. Mais il poursuit en expliquant que ce sont l'image renvoyée par les médias et les critiques qui l'ont définitivement enfoncé. Il n'y a pas de remise en question, peu d'autocritique. Seules une mauvaise image et une communication défaillante ont eu raison de ses performances.

La maîtrise de son image, la gestion de sa communication, et si c'était aussi important que le terrain ? Vue de l'intérieur, la question n'est pas si folle.

Sebastien Bellencontre est fondateur de l'agence de gestion d'image 4Success Group. Il dispense ses conseils aux joueurs sur la bonne utilisation des réseaux sociaux. Selon lui, le sportif doit maîtriser sa com' pour s'auto-promouvoir. Il faut créer son «*personal branding*», maîtriser son discours et être son propre média. Et parce qu'avoir une bonne image numérique permet d'augmenter sa valeur marchande, on comprend aisément l'importance de la question pour un joueur pro. À performance égale sur le terrain, celui qui s'appuie sur une communauté plus engagée et supérieure numériquement aura un meilleur contrat. C'est indiscutable, selon Bellencontre. Les clubs signent des contrats de droits d'image parfois non liés à leur salarié/joueur. Ils savent que l'image a de la valeur et qu'elle se monnaye. L'image crée de la richesse englobée dans le merchandising.

Alors pour que le joueur augmente sa valeur, une agence comme 4Success Group l'aide à se construire une personnalité. Un audit permet de cerner un profil et de mettre en œuvre les moyens qui garantiront de renvoyer une image cohérente. On construit une personnalité tout en revendiquant l'importance d'être authentique et sincère. On a le droit d'être perdu ? Il faut livrer un storytelling, raconter sa vie sur les réseaux, évidemment en contrôlant le message. Montrer ses passions, exprimer ses valeurs, éviter d'être fade…

Dans les faits, que donne ce contrôle total de sa communication ? D'abord, constatons que le joueur de foot a quasiment disparu des médias traditionnels. À moins que tout soit balisé et que l'interview soit faite avec une boîte à cirage à portée de main. À quoi bon donner une interview à *L'Équipe*, *France Football*, RMC… ? On touche qui ? La question est essentielle. Et on s'aperçoit que chacun vise sa base de fans dans une sorte de repli sur soi. Un repli difficile à cerner et qui peut sembler paradoxal quand on est suivi par des millions de personnes ! Sont-elles toutes fans ?

Quel est l'intérêt de parler dans un média quand vos réseaux sociaux vous disent précisément combien de personnes vous touchez en direct ? Une réflexion qui nous ramène à cette scène révélatrice d'un changement d'époque incarné par la star du Barça Gerard Piqué. Fin 2019, le désormais retraité passe devant les journalistes, leur montre son téléphone et balance, plein d'arrogance : « Je n'ai plus besoin de vous parler car j'ai ça ! » Ça, c'est son smartphone, et avec lui le contrôle de sa communication via les réseaux sociaux. Piqué touche plus de 22 millions de « followers » sur Instagram en direct. C'est beaucoup, mais évidemment moins que Cristiano Ronaldo et ses 556 millions, les 437 de Messi, les 206 de Neymar ou les 100 de Mbappé… Pour passer en dessous du million, il faut s'intéresser à un joueur type Ligue 1 comme Rongier, suivi par « seulement » 227 000 personnes. On raconte ce qu'on veut, on ne répond pas aux questions et surtout pas à celles qui embarrassent. On envoie des cœurs. Si on perd un match, on s'excuse en disant qu'on fera mieux la prochaine fois. On « like » des amis, des marques, des fringues, des restos. On publie ses actions de jeu, ses buts. On se fait filmer par son propre « community manager ». On se recentre sur sa personne. On est dans un club, un collectif, mais on gère avant tout sa carrière. L'individualisme a triomphé depuis longtemps.

Et quand on n'a plus rien à montrer, on exhibe sa vie privée, sa femme, son chien. On met en scène sa vie et ses déboires comme dans une téléréalité. Qui se souvient encore que Mauro Icardi est un joueur de foot ? Même loin de Paris, le PSG continue de lui verser un gros salaire et en échange, on a droit à des images de sa femme ou ex-femme (on ne sait plus) à moitié nue. Les experts en com' expliquent que pour parler à son audience, il faut montrer ses passions et exprimer ses valeurs. À regarder de près les réseaux sociaux, il n'est pas certain que la totalité des joueurs fassent appel à ces experts. Bonne nouvelle pour eux, c'est un marché d'avenir ! L'exemple d'Icardi, c'est aussi la preuve que le contrôle, ça ne veut pas dire la maîtrise, car ça débouche souvent sur une communication pour le moins hasardeuse.

Revenons à Piqué. Pour beaucoup, il compte parmi les plus intelligents de sa profession. Promis à la présidence du Barça, homme d'affaires, Piqué s'est pourtant, lui aussi, égaré dans la téléréalité avec notamment la mise en scène de sa rupture avec la chanteuse Shakira due à une histoire d'amour cachée avec la mère d'un jeune joueur de l'effectif… Bref, il a beau avoir un smartphone dernier cri, Piqué ne contrôle pas tout ! Et quand il propose à Antoine Griezmann de prendre en main sa communication par le biais d'un mini doc pour annoncer sa « Décision » de rester ou de quitter l'Atletico, c'est un fiasco terrible.

Nous sommes à l'été 2018. Griezmann est alors champion du monde et tout va bien pour la star des Bleus. Pourquoi faire une conférence de presse à l'ancienne ? Pourquoi parler à des journalistes ? Un film, un teaser, un accord avec un diffuseur, Movistar, deux versions tournées, une pour dire « je reste », une pour dire « je pars » ! À l'arrivée, une cacophonie sans nom, un film ridicule et une image totalement dégradée, bien loin de celle du garçon simple, type gendre idéal, qu'il avait toujours eue ! Merci et bravo Piqué, monsieur « l'intelligent » ! Griezmann a certainement gâché les années qui ont suivi. D'abord rester pour ensuite partir au Barça et tout rater là-bas, puis revenir en prêt à Madrid, être sifflé par les supporters de l'Atletico avec qui il avait noué une relation forte durant des années… Une véritable catastrophe de « communication bien contrôlée » !

Comme pour le commun des mortels, les réseaux sociaux, ça a l'air simple, mais ça peut devenir compliqué à gérer. Et on est le plus souvent très loin de ce que proposait Sébastien Bellencontre sur le « *personal branding* ».

Quand, en 2015, Benzema sort de l'équipe de France après l'affaire de la sextape, il compte moins de 10 millions de followers. La polémique va donner une tournure politique à cette affaire. Sur les réseaux sociaux, le joueur du Real, sans contrôle ou tout en contrôle, c'est au choix, se lâche et s'en prend au gouvernement via des « like » douteux. Il s'en prend aussi au sélectionneur. Benzema devient, encore plus qu'il ne l'était déjà, le symbole d'une banlieue qui se dit rejetée par une France « officielle ». Les réseaux sociaux, son seul support de communication, lui serviront également pour s'en prendre à Olivier Giroud qui va devenir une sorte d'ennemi pour ses followers, celui qui a pris sa place ! Depuis cette histoire, Benzema a gagné quatre Ligues des Champions et un Ballon d'Or. Il a rejoué en Bleu. Il compte désormais 66 millions de suiveurs sur Instagram. Paradoxalement, son image banlieue, son côté « peuple » pour reprendre le terme utilisé dans son discours au moment de recevoir le Ballon d'Or, ne lui permet toujours pas de toucher les plus grandes marques. Fendi l'a habillé pour la cérémonie, mais Benzema séduit moins par exemple que Mbappé ou Griezmann. On en pense ce qu'on veut, mais Benzema a opté pour l'authenticité, loin des cabinets de conseil. Et c'est logiquement aussi par le biais des réseaux sociaux que Benzema a annoncé sa volonté de ne plus revenir en équipe de France tant que Deschamps en serait le patron. Une décision qui a fait suite à la façon dont s'est déroulée son « éviction » du groupe France lors du Mondial au Qatar.

Rappelé en Bleu à quelques mois de l'Euro 2021, son retour en équipe de France après six ans d'absence aura été un échec total. À l'Euro, même si Benzema a été bon, les Bleus sont complètement passés à côté. Les reproches sont tombés sur Mbappé, auteur du tir au but raté face à la Suisse. Fortement critiqué, Mbappé n'a été que très modérément soutenu par la FFF et son sélectionneur. Vainqueur ensuite de l'inutile Ligue des Nations avec un excellent Benzema, Deschamps envisage la Coupe du Monde sereinement. Il annonce vouloir se passer de Giroud et le relègue au second plan. Mais face à la pression populaire et surtout aux bonnes performances du joueur avec Milan, il est obligé d'envisager une cohabitation entre Benzema et la bande à Giroud, dont les leaders du vestiaire que sont Lloris et Griezmann. Les premiers jours du rassemblement des Bleus avant la Coupe du Monde confirment une entente en demi-teinte entre Benzema et certains cadres, dont Griezmann. Le joueur de l'Atletico de Madrid est une sorte de chouchou, fils spirituel de Deschamps. Sa parole et son humeur comptent. Tout comme celles de ses proches.

Débarqués au Qatar, la situation va empirer. Il va d'abord y avoir une discussion et un désaccord autour de ce qu'il faut faire ou pas pour marquer le coup et dire que les Bleus sont au Qatar mais que tout n'est pas parfait dans le pays. Une prise de position « politique et sociétale » demandée par une partie de l'opinion, certains médias et quelques politiques soucieux d'occuper l'espace démago. La blessure de Benzema va finir de convaincre Deschamps que l'ambiance serait meilleure sans lui. Malgré une volonté réelle de cacher la vérité, les examens médicaux montrent clairement que Benzema pourrait être opérationnel pour le huitième de finale, ou dans le pire des cas pour le quart. Pourtant, l'attaquant du Real, tout frais Ballon d'Or, va être renvoyé chez lui. Le discours officiel sur la présence obligatoire d'un joueur du début à la fin d'une compétition ne tient pas la route : Raphaël Varane n'était pas disponible dès le premier match. La finale montrera, à travers Angel Di Maria, qu'on peut manquer des matches et revenir pour le dernier en étant décisif. L'éviction de Benzema ne fait pas de doute.

Très discret au moment de son retour à Madrid, Karim Benzema va peu à peu proposer, via les réseaux sociaux bien sûr, sa version des faits. Reprise de l'entraînement, footing en famille, vacances, on comprend clairement que Benzema passe le message qu'il aurait pu jouer au Mondial. Relayé par son ami et agent Karim Djaziri, le joueur conteste ce qui ressemble de plus en plus à un bannissement. L'étape suivante confirmera cette impression. C'est sur Twitter que Benzema va mettre à disposition du public ses examens médicaux. Il suffit ensuite de les faire analyser par un médecin. Oui, Benzema aurait pu jouer la fin de la Coupe du Monde. Oui, les Bleus se sont volontairement passés du Ballon d'Or. Pour le bien du groupe ? C'est possible. Mais cette volonté de cacher la réalité, de la part de Deschamps, a viré au grotesque. Et c'est par le biais d'une communication contrôlée sur les réseaux que Benzema a tenu à rétablir la vérité. Le Ballon d'Or ne s'exprime plus que très rarement dans les médias traditionnels. Il a opté pour Instagram et des messages souvent énigmatiques. « Le Ballon d'Or du peuple », posté juste après avoir reçu la récompense, a suscité des débats sur le sens exact du propos.

Le 11 mars 2023, la polémique a pris une autre dimension lorsque, en réaction à une série d'entretiens accordés par Didier Deschamps à différents médias, Benzema a posté l'image d'une personnalité des réseaux répétant sans cesse : « Menteur, menteur... » après avoir traité de « clown » le sélectionneur dans une nouvelle *story* Instagram.

Dans ces entretiens, le sélectionneur revient sur le départ de Benzema du Qatar. Il donne sa version. Relayée par ses « amis » à *L'Équipe* et au *Parisien*, par des « consultants » pro-Deschamps, « sa » vérité est celle d'un départ inévitable. La fatalité d'une blessure mal soignée. On a dit à quel point c'était faux. À peine arrivé au Qatar, on a demandé à Benzema une séance individuelle poussée à fond ! On n'a pas demandé la même chose à Raphaël Varane. Contre sa volonté, le Ballon d'Or a forcé et s'est à nouveau blessé. Sur Canal Plus, Samir Nasri, qui visiblement avait parlé à Benzema, a fait une allusion nette à la mauvaise gestion de cette reprise d'entraînement. Deschamps ne voulait pas de Benzema. Certains des cadres de l'équipe non plus. On a donc tout fait pour le sortir. Quelques semaines plus tard, à l'occasion d'un match de Liga Real-Atletico, l'indifférence entre Griezmann et Benzema au moment des saluts entre les deux équipes crevait les yeux. Alors pourquoi l'avoir rappelé ? Du côté du clan Benzema, on ne veut pas croire à la pression politique d'un président de la République pourtant omniprésent en matière de football. On l'a vu au moment de la finale du Mondial. On l'a vu aussi quand il s'est agi d'intervenir pour garder Mbappé au PSG. Benzema enjeu politique ? La théorie est soutenue et crédible. Personne n'ignore ce qu'il représente pour une partie de la population. Il est devenu une sorte de porte-parole, emblème d'une France des quartiers. Ce qu'il appelle dans ses messages « le peuple » ! À travers le retour de Benzema, c'est le soutien de cette France-là qu'on recherche. Au moment du rappel en Bleu de l'attaquant du Real, on est à un an de l'élection présidentielle. On vise une sorte d'unité nationale autour de l'équipe de France. À l'Euro puis au Mondial.

Mais la vérité, c'est que le retour de Benzema est le fruit de plusieurs choses. L'opportunisme de Deschamps, d'abord. Les Bleus marchent moins bien. Giroud ne joue plus en club. Il n'y a plus d'avant-centre de classe mondiale pour accompagner Mbappé. L'optimisme n'est pas de mise avant l'Euro. Faire revenir Benzema, c'est gagnant si les Bleus vont loin. Et en cas d'échec, Deschamps a une excuse toute trouvée : « Vous vouliez tous Benzema, eh bien voilà le résultat ! » Mais cette raison seule ne suffit pas. La rancune de Deschamps envers Benzema est tenace. Pendant des années, il a refusé de parler du joueur dans ses conférences de presse. À Clairefontaine, si un journaliste osait aborder le sujet, il pouvait être sûr de ne pas revoir le micro de sitôt. En alerte, Raphaël Raymond imposait des limites ! Et là, dans les entretiens de mars 2023, Benzema qui était un sujet tabou devient d'un coup l'objet de plusieurs questions et de plusieurs réponses ! Après être revenu en Bleu alors que Deschamps jurait de ne jamais vouloir le reprendre...

Le lobbying, dans certains médias, de son ami et agent Karim Djaziri ne pouvait pas non plus suffire. En revanche, un coup de pression impliquant Noël Le Graët, voilà qui pouvait être de nature à changer la donne. On a découvert au moment de l'audit de la FFF les méthodes Le Graët et leurs excès. On a découvert aussi son amour du champagne et ses propos déplacés passé une certaine heure de la journée. Dans l'*After*, on avait eu vent d'un message vocal qui aurait pu être gênant pour le président de la FFF. Est-ce que ça a joué un rôle ? À part son patron, qui pouvait faire plier le sélectionneur ?

Reste que Deschamps a vu, lors de l'Euro, que tout n'était pas si simple sportivement. Son fils spirituel, Griezmann, est devenu une victime du système de jeu imposé par le retour de Benzema. Ne pouvant écarter le Ballon d'Or sur le terrain, Deschamps a donc décidé de se servir de sa blessure. Forfait et fâché, l'attaquant du Real est parti aussi vite qu'il a pu pour libérer la place. Deschamps avait encore quelques heures pour le remplacer par un autre attaquant dans la liste. Comme dans un aveu inconscient, il ne l'a pas fait.

Après cette série d'interviews de Deschamps, encore une fois, l'attaquant du Real a répliqué via les réseaux sociaux. Cette fois, il annonce clairement vouloir s'expliquer. Où ? Comment ? Comme d'habitude, il fait planer un mystère qui commence même à agacer certains de ses fans. Au moment où ce livre partait en impression, Benzema n'avait toujours pas répondu.

Incontestablement originale, décalée et contrôlée, la communication choisie par Benzema fédère sa communauté mais apparaît aussi excluante pour les autres. Une sorte de « qui m'aime me like » totalement en phase avec son époque.

Dans leur grande majorité, les joueurs se cantonnent à l'univers du foot et à celui des loisirs. Peu de chances qu'un conseiller les fasse aller vers des opinions politiques ou religieuses. C'est pourtant parfois le cas. Le facteur religieux fait en effet désormais de plus en plus partie du package de com' du joueur. À ranger dans la catégorie « loisirs » ou « *way of life* ». Le cocktail est souvent étonnant. Un joueur comme Demba Ba, quasiment 1 350 000 followers sur Twitter, peut servir de référence. On relève un quasi-extrémisme religieux assumé. Politiquement, on affiche des opinions pro-Palestine et un rejet plus ou moins prononcé de l'Occident. La nouvelle référence culturelle, pour le joueur de foot, c'est plutôt Dubaï ! Comme pour les influenceurs de la téléréalité. Une sorte de mélange entre un capitalisme débridé dans un mode de vie ultraconsumériste et de valeurs traditionnelles avec lesquelles on s'arrange. Benzema fait la promotion de Dubaï, Leo Messi celle de l'Arabie Saoudite, Zidane et Beckham préfèrent le Qatar, là où le président de la FIFA, Gianni Infantino, s'est installé. Le foot a quitté l'Europe pour le Golfe !

Être son propre média n'est donc plus un fantasme. Les médias traditionnels sont devenus des ennemis avec lesquels il faut, au mieux, composer. La « génération plateforme » soucieuse de contrôler son image numérique est en marche et il n'est pas évident que ce soit une bonne nouvelle…

6

« Salam, c'est comment ? Ça va ou quoi, tranquille ?
Wallah, frérot, je sais pas ce qu'il se passe là mais wallah frère
il faut qu'on se voie urgent, urgent, urgent ! Sur le Coran !
Frère, wallah moi j'sais pas c'était quel problème qui s'passe
ici... Wallah frère, s'il te plaît, si tu peux, viens on se voit,
wallah c'est urgent... Frère, j'comprends rien frère wallah...
Viens, on se voit s'te plaît, wallah... »

Retranscription d'un message audio laissé à Paul Pogba
par l'une des personnes chargées de sa sécurité
à Manchester, avril 2022

« Écoute-moi, c'est simple, t'as vu là... tu vas trouver un moyen
pour sortir. Par Allah, je vais pas bouger d'ici ! T'as vu,
toi pendant que tu es en train de faire ta p'tite vie, tranquille,
t'es en train de te cacher... Nous, on est là, on est tous exposés :
moi, tous tes frères, tout le monde est exposé par rapport
à ce que tu as fait ! Wallah, j'pense que t'as pas conscience de ça.
Par Allah, je bouge pas d'ici ! »

Retranscription d'un message audio laissé à Paul Pogba par
Roushdane K., dit « le Rouge », lors de sa visite au centre
d'entraînement de la Juventus de Turin, juillet 2022

Département de la Seine-et-Marne, ville de Montévrain, rue de Prague, le 20 mars 2022. Il est exactement 5h48 du matin quand Paul Pogba rallume son portable après plusieurs heures passées dans l'appartement d'un quartier résidentiel de cette petite commune classée ZRR[15]. Celui-ci avait été confisqué par ses accompagnateurs puis éteint à 1 heure du matin alors que le groupe se trouvait dans un endroit couvert par l'antenne-relais de Chanteloup-en-Brie. Ce qui vient de se passer entre les murs d'un logement loué via la plateforme Airbnb deviendra après l'été le plus grand scandale du football français en lien avec le banditisme. Cette dernière nuit de l'hiver 2022 va aussi sceller la fin d'une amitié de toujours entre le champion du monde et ses potes d'enfance. Mais les tensions étaient largement palpables depuis des mois…

À 29 ans, le natif de Lagny-sur-Marne amorce un virage à la fois sur le plan familial, professionnel et… amical. Trois dimensions qui vont finir par se confondre et aboutir à un choix radical de sa part. Père de deux enfants en bas âge, Paul Pogba souhaite désormais se consacrer davantage à sa famille. Une vie plus casanière, éloignée de ses jeunes années mouvementées avec ses complices du quartier, qui continuent de séjourner régulièrement chez lui, au gré de ses déménagements entre l'Angleterre et l'Italie. Dans le même temps, Mino Raiola, son agent historique, s'est mis en retrait de la vie footballistique en raison de sa maladie (il décèdera quelques semaines après cette nuit décisive). L'un des plus redoutables ambassadeurs de l'histoire du métier savait choyer l'entourage d'un joueur quand la situation l'exigeait. Pour préserver ses intérêts, il pouvait même se montrer particulièrement persuasif ou… généreux, selon ses interlocuteurs. Deux changements auxquels viendra s'ajouter un premier événement en forme de déclic. En janvier 2022, le joueur congédie l'un de ses amis d'enfance

---

15 Zone de revitalisation rurale.

qui l'avait accompagné à Manchester pour travailler à son service. Homme à tout faire, assistant, bras droit : ce type d'employé aux fonctions vagues auprès des footballeurs français est chose courante dans le milieu. Censé retirer de l'argent sur une carte bancaire couvrant des besoins qui feront l'objet d'une controverse, celui-ci aurait effectué des retraits frauduleux d'un montant qui s'élève à 200 000 euros en l'espace d'un an et demi. Après ce clash et une dispute lors d'un séjour à Dubaï avec un autre membre de sa bande de copains, « la Pioche » décide de couper les vivres à ses camarades de quartier.

Comme beaucoup d'autres joueurs au profil semblable, Paul Pogba a aidé financièrement ses amis dès ses premiers cachets de footballeur professionnel. Il n'a tenu aucune comptabilité mais la totalité des sommes versées dépasserait le million d'euros. Quatre amis ont particulièrement bénéficié de ces coups de pouce : Mamadou M. dit Mam's, Mohamed Machikour K., dit Mach, et deux frères : Adama C. et Boubacar C., dit Boub's. Des contributions financières qui prenaient la forme de virements annuels et d'investissements dans divers projets, dont le Tasty's, un restaurant situé à Pontault-Combault. Des amis qui bénéficiaient également de quelques bonus non négligeables tels que des séjours aux frais de l'international français. Ils profitaient également des crédits d'achat chez Adidas dont dispose le joueur en raison de son contrat avec l'équipementier : entre 2000 et 4000 euros d'articles au rythme de trois ou quatre passages par an dans le magasin géant des Champs-Élysées.

Une forme de dépendance financière qui ressort particulièrement lors des interrogatoires qui suivent le coup de filet du 13 septembre auquel échappe Adama, en fuite à Dubaï.

Les personnes interpellées étaient toutes présentes dans l'appartement le 20 mars 2022: les inséparables Boubacar, Mamadou et Mohamed Machikour; ainsi que le grand frère de ce dernier, Roushdane, qui occupe une place singulière au sein du cercle d'amis car plus âgé que les autres. Trois sur quatre ont déjà un casier judiciaire. L'un d'entre eux a même été condamné par la justice britannique lorsqu'il séjournait chez le joueur. Alors qu'il répond aux questions des policiers, Boubacar évoque sans s'en rendre compte une vie d'adulte totalement liée à son célèbre camarade, qu'il présente comme son « employeur ». Il affirme avoir toujours travaillé depuis le début des années 2010 pour la famille Pogba: « accompagnateur », « chauffeur » de Paul puis de sa mère, Yeo Moriba. Un emploi aux contours flous pour lequel il n'a jamais été déclaré… faute de contrat. Tous décrivent un quotidien bien éloigné de l'opulence qu'il leur arrive d'effleurer avec parcimonie par le biais de leur ami Paul. Lors de sa garde à vue, Mamadou parle de son souhait de devenir agent sportif, mais ses modestes revenus proviennent d'un poste à plein temps de chauffeur-livreur… Mohamed Machikour est « employé polyvalent » dans son propre business grâce à l'argent de son ami mais son restaurant, en réalité un fast-food, n'a jamais vraiment décollé en raison de la crise du Covid-19. Son frère aîné, Roushdane K. dit « le Rouge », est le seul à avoir refusé l'enquête sociale. Arrêté à la gare Saint-Lazare, le doyen de la bande s'apprêtait à s'envoler sans billet retour pour la Tunisie, où sa famille se trouve depuis plusieurs mois. Considéré comme un « grand frère » par tous les autres, y compris Mathias Pogba, cet ancien détenu aurait joué (avec Adama C., qui a loué l'appartement à Montévrain) un « rôle particulier » dans la tentative d'extorsion du 20 mars 2022, selon les enquêteurs. Une implication sur laquelle planent encore des zones d'ombre. Car ce qu'on nomme désormais « l'affaire Pogba » relève en réalité d'une rare complexité. Une intrigue digne d'un roman policier où se mêlent trahisons entre proches, tentatives d'extorsion à coups d'armes à feu et… versions diamétralement opposées.

Jusqu'ici, et en toute logique, la plupart des médias ont relayé le récit du principal concerné : Paul Pogba. Selon le footballeur, au cours de cette nuit décisive, cinq amis d'enfance (les quatre personnes interpellées et le fugitif Adama) décident donc de le « convoquer » dans un appartement à Montévrain, la veille d'un rassemblement avec l'équipe de France. Après lui avoir reproché de les avoir abandonnés sur le plan financier, ils évoquent leur déception liée à l'accusation des 200 000 euros qui auraient été dérobés sur son compte par l'un d'entre eux. Ils le menacent également de révéler qu'il fait appel à un marabout pour demander une « macumba » contre Mbappé et disent détenir des preuves qui pourraient le discréditer auprès de l'opinion publique. (Le 3 août 2022, dans l'après-midi, au cours de sa deuxième audition devant la police italienne, Paul Pogba déclarera ne jamais avoir demandé de « macumba », ni sur Mbappé, ni sur qui que ce soit d'autre.) Roushdane fait ensuite sortir tout le monde à l'exception de Paul et Adama. Deux hommes cagoulés et vêtus de gilets pare-balles entrent dans la pièce et braquent leurs fusils d'assaut sur l'ancien plus gros transfert de l'histoire du football (105 millions d'euros). « Le Rouge » lui présente alors ses protecteurs, qui auraient écarté plusieurs criminels sans qu'il le sache, et lui indique la facture pour services rendus : 13 millions, dont 3 en espèces, qui correspondent à treize années de surveillance. Après le départ des deux personnes dont on ignore toujours l'identité, Roushdane précise qu'il s'est porté garant vis-à-vis d'eux, ce qui semble signifier qu'ils s'en prendront à lui si Paul Pogba ne paye pas.

Toujours selon Paul Pogba, dès leur départ de l'appartement, ses amis lui imposent la présence de Boubacar pour s'assurer qu'il fera bien le virement demandé par les deux hommes cagoulés. Le footballeur affirme aux enquêteurs qu'il a appelé sa banque le lendemain pour demander 11 millions d'euros mais que celle-ci a refusé. Le banquier, interrogé par les enquêteurs, avance pour sa part qu'il s'agissait d'une demande de 500 000 euros pour une œuvre caritative. Boubacar accompagne ensuite Paul en Angleterre, où il retournera dans le courant du mois d'avril. Un séjour lors duquel le joueur lui aurait remis 100 000 euros en espèces afin de calmer les choses. À la même période, deux personnes, dont Mamadou, se présentent à son domicile de Manchester. Le duo confie alors quelques détails inquiétants à l'un des hommes chargés de la sécurité de Paul Pogba. Choqué, celui-ci supplie son employeur d'avoir un entretien avec lui afin de comprendre ce qui se passe exactement. C'est aussi à cette époque-là que le footballeur aurait signé sous la pression un document ambigu dans lequel il s'engage à investir dans la cryptomonnaie. Plus tard, Paul Pogba effectue plusieurs virements : 20 000 euros pour Boubacar, la même somme pour son frère Adama, 40 000 euros pour Mohamed Machikour, à partager avec son aîné Roushdane. Il entame même les démarches avec sa banque italienne pour virer 13 millions sur son compte à Dubaï, en vue de les transférer ensuite sur le compte d'Adama, qui réside aux Émirats arabes unis, mais finit par se rétracter au dernier moment. Entre-temps, la star autorise ses amis à profiter pleinement de ses crédits d'achat chez Adidas. En l'espace de quelques jours, ces derniers effectuent une véritable razzia dans la boutique des Champs-Élysées. Malgré les appels successifs du joueur au magasin pour augmenter son plafond, la facture atteint plusieurs dizaines de milliers d'euros et dépasse largement le montant convenu... Il finit par débarquer en personne, tout sourire, pour régler la différence mais n'en croit pas ses yeux lorsqu'on lui présente la note : 17 000 euros. Paul et deux de ses amis s'isolent pour avoir une discussion au cours de laquelle le directeur de l'établissement perçoit de réelles tensions. Le footballeur finit par sortir sa carte bancaire et payer, une fois de plus...

Dans le but de convaincre Paul d'effectuer le paiement des 13 millions d'euros, le groupe se rend directement mi-juillet à Turin, où il vient d'être transféré, pour tenter d'entrer en contact avec lui, sans succès. Plusieurs membres de la bande vont également à la rencontre de la mère des frères Pogba, Yeo Moriba, toujours avec le même objectif. Ils frappent tout d'abord à la porte de son domicile dans le Val-de-Marne fin juillet, puis font le déplacement jusqu'à Nice, à l'hôtel Crowne Plaza où elle séjourne, dans le courant du mois d'août. Les deux entrevues se déroulent dans une atmosphère sous tension...

De leur côté, les cinq personnes accusées contestent certains faits avancés par Paul Pogba et font état d'événements qui pourraient remettre en cause le rôle joué par le groupe dans la tentative d'extorsion. Boubacar et Mamadou, qui ont été tous les deux les « majordomes » du footballeur en Italie et en Angleterre, affirment avoir été menacés séparément au cours du mois de mai par des hommes armés et cagoulés leur demandant de faire le nécessaire pour obtenir le paiement. Un soir de juillet, Mamadou donne rendez-vous à Roushdane et Mathias Pogba afin de les informer de l'incendie volontaire de sa voiture (confirmé par la police). Peu après l'arrivée de ce dernier, des individus au visage dissimulé débarquent en trombe et braquent leurs armes sur eux, toujours pour transmettre le même message menaçant. Une mésaventure rapidement connue des enquêteurs puisqu'elle est racontée par le frère de Paul, mis sur écoute, lors d'une conversation avec l'une de ses proches : « À partir du moment où il a dit "dis à ton frère de trouver une solution", j'ai pris ma voiture, j'ai bombardé à Turin. » Mathias, « le Rouge », Mach, Boub's et Mam's rouleront effectivement jusqu'à Turin pour se présenter au centre d'entraînement de la Juventus, comme l'a précisé Paul Pogba à la police. Mais cette visite imprévue était motivée selon les membres du groupe par les risques encourus.

L'incident le plus violent qui ait été porté à la connaissance des policiers, dans toute cette affaire, aurait eu lieu durant le mois d'août : l'agression supposée des deux frères Roushdane et Mohamed Machikour par plusieurs hommes armés. Une agression, filmée selon eux par l'un des malfaiteurs, lors de laquelle l'aîné aurait été blessé par une balle tirée à bout portant. La vidéo aurait été transmise aux frères avant d'être effacée. Un document que le groupe tente de montrer à Yeo Moriba lors de leur voyage à Nice, mais celle-ci refuse de visionner la séquence. Roushdane, pour sa part, a bien été opéré sous sa véritable identité pour une blessure à la main cohérente avec leur récit. Les clichés pris lors de la filature sont formels : après une intervention chirurgicale à l'hôpital, l'homme sort de l'établissement avec un bras plâtré en bandoulière. Avant cette blessure, Roushdane avait fait partie du groupe, accompagné de Mathias, qui s'était rendu fin juillet au domicile de Yeo Moriba afin de lui demander de convaincre Paul de payer. Une visite lors de laquelle « le Rouge » apparut comme le « plus menaçant », selon la mère des frères Pogba. En raison de son rôle de leader dans la tentative d'extorsion ou parce qu'il était spécifiquement ciblé par d'éventuels commanditaires ? Autant d'événements étranges qui viennent étayer la piste d'une mystérieuse « équipe » composée d'individus armés et dangereux ayant fait pression sur les amis d'enfance de Pogba pour obtenir une forte somme d'argent. Une hypothèse qui ne semble pas être privilégiée par les forces de l'ordre à ce stade de l'affaire, notamment en raison de « nombreuses contradictions ».

Une dernière salve d'éléments pourrait également faire vaciller le récit de Paul Pogba. Des détails qui concernent ses relations avec Boubacar entre la nuit du 20 mars et son arrestation. Le footballeur évoque une présence imposée, destinée à maintenir la pression sur lui. Son ancien assistant affirme au contraire que Paul a insisté pour l'avoir à ses côtés, lui demandant notamment de l'accompagner à son hôtel puis en Angleterre. Lors de ces derniers séjours, l'ex-joueur de Manchester lui confie comme toujours de nombreuses tâches, dont celle de… garder ses enfants. Plus troublant encore, une vingtaine de vidéos témoignent de la complicité habituelle entre les deux amis. Ces derniers apparaissent, entre autres, hilares et chahutant chez le coiffeur de Paul. Le 12 avril, ils se rendent ensemble à l'anniversaire de son coéquipier et international ivoirien Éric Bailly, où se trouvent d'innombrables témoins, dont la star Marcus Rashford, toujours dans le même état d'esprit de franche camaraderie. Enfin, Boubacar conteste avoir reçu 100 000 euros en espèces lors de ce séjour. L'homme, rentré à Paris en compagnie de Yeo Moriba, affirme d'ailleurs qu'il a été contrôlé par les douanes à l'aéroport de Manchester avant d'embarquer. Une procédure comprenant notamment une fouille minutieuse qui aurait aisément détecté la présence d'une somme d'argent aussi importante…

Après ces dernières semaines où ses relations avec Paul semblent normales, Boubacar voit son ami prendre peu à peu ses distances avant de rompre totalement les liens avec lui au mois de mai puis de l'incriminer lors de son audition. Un recours à la police qui constitue une première. Aucun footballeur de haut niveau n'avait osé jusque-là rompre l'omerta qui règne dans le milieu, où d'autres joueurs professionnels continuent d'être rackettés en toute impunité.

Si de nombreuses questions restent en suspens, l'international français a vécu assurément plusieurs mois terribles durant lesquels la menace était constante. Après s'être confié à l'officier en charge de la sécurité des Bleus, il attendait l'aide de la France, d'après ses propres mots. Il n'en sera rien avant l'alerte donnée par les autorités italiennes au parquet de Paris début août. La FFF savait, l'équipe de France savait. Mais personne n'a rien fait…

Si le scandale Pogba a vite pris une dimension politique et sociétale, il n'en demeure pas moins une affaire de tragique rupture familiale qui symbolise nombre de dérives observées dans le domaine. Dans le cas présent, un homme de la fratrie a été particulièrement surveillé de près par les enquêteurs : Mathias. Après avoir sidéré la planète football avec une première salve de vidéos dans lesquelles il promet de faire des révélations fracassantes sur son frère, il ne prend pas la juste mesure des événements qui s'annoncent. L'homme fait appel à un premier avocat pour publier un simple communiqué de presse. Une dizaine de jours avant de se retrouver face aux policiers, il prend contact avec Yassine Bouzrou, ténor du barreau de Paris, qui le reçoit dans son cabinet situé au cœur du quartier Saint-Michel. Mathias envisage de se présenter de lui-même aux forces de l'ordre en raison de l'enquête en cours mais avoue sa surprise lorsque son nouvel avocat lui apprend qu'il sera obligatoirement placé en garde à vue, comme toujours dans une telle affaire. Au terme de cette procédure, le parquet de Paris souhaite le voir derrière les barreaux, comme ses quatre amis d'enfance interpellés peu auparavant. Les deux juges d'instruction estiment qu'il doit être relâché, au moins pour l'instant. Le sort de Mathias Pogba se joue donc devant le juge des libertés et de la détention. Celui-ci prend une décision surprenante et envoie le trentenaire au casier judiciaire vierge en prison, à Villepinte. Une partie de l'établissement est susceptible d'accueillir des prisonniers au profil particulier mais ceux-ci sont généralement impliqués dans des affaires de terrorisme. Mathias, facilement identifiable en raison de sa forte ressemblance avec son célèbre frère, est donc placé avec les autres détenus. Rapidement, des personnes incarcérées avec lui parviennent à prendre contact avec ses proches. Les messages, a priori bienveillants, les encouragent à faire parvenir un peu d'argent pour pouvoir améliorer ses conditions de vie. Une pratique courante dans le milieu carcéral. Il y a là, pour les codétenus, une opportunité de profiter de la situation. Envisager une forme de chantage est une évidence…

Au sein de la famille Pogba, Mathias fait figure d'exception. Loin de connaître le même succès que son cadet, sa carrière de footballeur professionnel est marquée par une grande instabilité (une quinzaine de clubs à ce jour) et plusieurs destinations exotiques malgré des débuts prometteurs au Celta Vigo et un statut d'international guinéen (5 sélections). Lors de son interrogatoire, il affirme se considérer comme le « papa de la famille » depuis la mort du patriarche mais ne parvient pas à imposer son autorité au sein du clan. Sans club à 32 ans,

Mathias se retrouve isolé en région parisienne. Même son frère jumeau Florentin a plié bagages avec sa famille pour l'Inde, où il poursuit sa carrière de footballeur. Au cours de l'enquête, le suspect est décrit comme une personne candide, immature même, souffrant de « carences affectives », notamment face à une « mère froide ». Une mère à propos de laquelle Mathias avoue sa déception lors d'une conversation interceptée avec l'un de ses proches, lequel confirme son sentiment d'abandon : « La daronne, de toute façon, depuis la nuit des temps elle a choisi son camp, frère… » Un homme « facilement influençable » (d'après sa belle-sœur, l'épouse de Florentin) que les amis du quartier n'ont aucun mal à convaincre de faire éclater l'affaire sur la place publique par le biais des réseaux sociaux. Les vidéos publiées sur Twitter sont enregistrées à Hérouville-Saint-Clair, près de Caen, où Roushdane K., dit « le Rouge », passe une partie de son temps. Lors de la perquisition de son appartement en Normandie, les policiers trouvent un pied de support de téléphone avec lampe spécialement conçu pour le tournage de vidéos. Le matériel, entreposé dans une pièce isolée, correspond parfaitement. Le texte, lu maladroitement par Mathias, a été écrit par un certain Abdallah, ami de la clique. Les enregistrements ont lieu en présence de Roushdane et son frère, Mohamed Machikour. La forme, surprenante, n'est pas sans rappeler les vidéos de chantage de certains groupes armés. Elle est aussi bâclée : Mathias détourne parfois les yeux de l'objectif pour regarder une personne hors champ, dont l'ombre est même visible au moins à une reprise. Le tournage ayant lieu tout près de la Manche, plusieurs cris de mouettes sont également audibles.

Parmi toutes les accusations proférées par le frère de Paul Pogba, deux retiennent l'attention. La première est liée aux paiements effectués par le footballeur à un marabout. Un rituel en vogue chez de nombreux joueurs d'origine africaine, principalement pour se protéger d'éventuelles blessures. Mais selon Mathias, Paul est allé plus loin puisqu'il aurait demandé à ce sorcier de jeter des sorts à certains de ses confrères, dont la star Kylian Mbappé, son coéquipier chez les Bleus. Une histoire rocambolesque qui a peu de chances de se retrouver devant la justice, dans la mesure où elle relève davantage de la morale, avec pour seules conséquences d'éventuelles répercussions sur l'image du joueur. La deuxième accusation majeure concerne les prétendus liens noués par Paul Pogba avec des criminels d'Île-de-France. Des « équipes », comme le précise Mathias, engagées pour le protéger contre des hommes qui envisageaient de le racketter. Toujours d'après les propos entendus dans ces vidéos, Paul n'aurait pas rétribué ces hommes conformément à ses promesses. Un manquement qui expliquerait selon lui les raisons pour lesquelles certains de ces bandits s'en seraient pris à ses proches, qui n'auraient eu d'autres choix que de se tourner vers lui afin qu'il règle sa dette…

Selon des proches de cet épineux dossier Pogba, l'affaire ne débouchera sur rien ou pas grand-chose. Il y a de bonnes chances pour que plusieurs plaintes soient retirées. Après avoir lavé le linge sale en public, il y a fort à parier que, finalement, tout se règle en « famille » !

Cette protection qu'avait sollicitée Paul Pogba, si tant est qu'elle ait existé, serait loin d'être exceptionnelle. Elle est même devenue une règle quasi incontournable pour les footballeurs de haut niveau en France, particulièrement pour ceux issus d'un quartier populaire. Du caractère dissuasif à la possibilité de régler quelques imprévus propres au milieu, le spectre de cette notion de protection s'est élargi progressivement au cours des dernières années. Les joueurs s'entourent de gros bras, généralement issus de leur cercle proche, rémunérés de manière plus ou moins officieuse. Une alternative aux entreprises de sécurité privées pour les plus méfiants qui préfèrent rester « en famille ». Un choix moins coûteux aussi, au moins dans un premier temps. Car à l'approche de la trentaine, le joueur cherche logiquement à mener une vie moins dissolue, qui ne nécessite plus ce type de protection… Une évolution au cours de laquelle apparaissent souvent des ruptures plus ou moins contenues entre le footballeur et son entourage.

À Marseille, nombre de joueurs sont arrivés par le passé à la Commanderie sans leur voiture ou privés de leur carte bancaire, subtilisées lors du trajet. Sur l'ensemble du territoire, de plus en plus de footballeurs professionnels sont victimes de cambriolages ciblés[16]. Mais la ville la plus touchée par le crime organisé spécialisé dans le football reste Paris, loin devant toutes les autres. Dans la capitale, une véritable mafia s'est constituée pour tenter de s'en prendre aux joueurs du Paris Saint-Germain. Une situation qui a poussé des joueurs à quitter le club pour échapper à des malfaiteurs et qui en a dissuadé d'autres de signer pour les mêmes raisons. En dehors des tentatives de racket pures et simples, le moyen le plus courant utilisé par les criminels reste le chantage à la sextape. À la manière des proxénètes, certains individus missionnent des filles chargées de séduire des joueurs puis d'obtenir photos ou vidéos intimes. Un système vicieux dans lequel des patrons de boîtes de nuit jouent parfois un rôle

---

16 Hausse de 61 % entre 2020 et 2021 selon une note de la direction centrale de la police judiciaire.

central, en plaçant par exemple un groupe de filles complices à côté du carré VIP… Les choses ont tellement dégénéré que le PSG a concocté tout un plan afin d'empêcher ses joueurs de tomber dans ce genre de pièges. Le club a notamment chargé Bouabdallah Bessedik, un proche de Nasser al-Khelaïfi, d'être le relais de la direction auprès de l'effectif pour anticiper les dérives. Pour certains, dont Neymar, une sécurité privée a été mise en place, avec des résultats mitigés… Des moyens importants déployés pour l'équipe masculine alors que l'autre grand scandale du football français a finalement éclaté au sein des féminines…

7

« Frappez la blonde, faites semblant de taper la Noire et dites fort : "Ça t'apprendra à toucher des hommes mariés." »

Instructions données aux agresseurs de Kheira Hamraoui

Plus confidentiel et moins riche que son alter ego masculin, le football féminin semblait devoir être moins touché par les dérives mafieuses. À première vue seulement… Car depuis quelques années, des individus peu scrupuleux ont opté pour une stratégie d'entrisme dans le milieu. Sans perspectives chez les hommes, ces intermédiaires ont rapidement réussi à faire leur place en important certaines méthodes radicales qui ont malheureusement fait leurs preuves : chantage, communautarisme, menaces…

L'affaire Diallo/Hamraoui est digne d'une série à succès. Posons donc ici le casting :

- Le PSG : La scène, le cadre institutionnel
- Kheira Hamraoui : La Victime
- Aminata Diallo : La Présumée coupable
- César Mavacala : Le Cerveau
- Romain Molina : L'Influenceur instrumentalisé
- Bernard Mendy, Ulrich Ramé, Didier Ollé-Nicolle, Gérard Prêcheur : les seconds rôles

Lorsque l'affaire de la violente agression de Kheira Hamraoui éclate en novembre 2021, la police semble s'orienter rapidement vers la piste d'une vengeance sur fond d'adultère. Les médias se régalent de la liaison extra-conjugale entre Éric Abidal et l'ex-joueuse de Barcelone. Une histoire rendue publique notamment grâce à la mystérieuse fuite de messages audio et d'une information liée à l'enquête (une puce téléphonique au nom de l'ex-international).

La piste menant à Aminata Diallo, présente dans la voiture le soir de l'agression mais laissée étonnamment tranquille par les agresseurs, ne semble pas convaincre les enquêteurs : la joueuse est donc relâchée après sa garde à vue, sans qu'aucune charge ne soit retenue contre elle. Considérée comme la doublure d'Hamraoui à la fois au PSG et en équipe de France, la Grenobloise reconduisait sa coéquipière après un dîner entre joueuses lorsque deux hommes ont surgi pour sortir cette dernière de la voiture et lui asséner plusieurs coups violents dans les jambes avec une barre de fer. D'abord soupçonnée, Diallo reste étonnamment discrète après l'épisode. Elle n'accorde aucune interview pour se plaindre d'avoir été accusée à tort, y compris après l'expiration de son contrat, non renouvelé par le club (elle annoncera son intention d'attaquer le PSG début septembre, quelques jours avant son interpellation) au terme d'une saison décidément à part.

Une saison qui avait pourtant bien commencé, avec l'arrivée d'un nouveau coach expérimenté : Didier Ollé-Nicolle. Ex-sélectionneur du Bénin, l'ancien entraîneur de l'OGC Nice est proposé à la direction du PSG par Jean-Pierre Bernès, qui ne le connaît pourtant pas personnellement. Leonardo, le directeur sportif, ne le connaît pas non plus mais lui propose de succéder à Olivier Echouafni avec le même salaire. Il refuse.

La proposition passe du simple au double dans la journée. Une méthode courante à Paris. Le challenge d'une section féminine n'était pas le premier choix d'Ollé-Nicolle mais il reste intéressant, notamment parce qu'il constitue, éventuellement, un beau tremplin vers les Bleues. L'ancien joueur professionnel accepte après quinze jours de réflexion. La saison 2021-2022 se déroule normalement… jusqu'à la soirée du 4 novembre. Quelques jours après cette terrible agression, l'équipe prend six buts à Lyon. Une heure avant le match, les joueuses sont en larmes, déboussolées. Lorsque la trêve arrive, le vestiaire est coupé en deux : un groupe soutient Hamraoui, l'autre est acquis à la cause d'Aminata Diallo. Ce dernier camp, composé de joueuses d'origine africaine et issues des Outre-mer, est animé d'un communautarisme particulièrement radical. Celui-ci frise même parfois avec une forme de « suprémacisme » noir qui incite le clan à prendre le pouvoir sur les « babtous » et à « écarter les Arabes », comme vont en témoigner les écoutes téléphoniques.

À la reprise, Ollé-Nicolle s'adresse à son effectif pour les informer qu'une enquête est en cours. Durant cette période pour le moins complexe, personne dans la section féminine ne reçoit ni aide ni soutien des dirigeants. Leonardo, Jean-Claude Blanc et Nasser al-Khelaïfi, respectivement directeur sportif, directeur général délégué et président du club, sont aux abonnés absents. On a alors l'impression qu'il ne s'est rien passé. Mi-janvier 2022, l'entraîneur parisien est en famille à l'extérieur lorsqu'un numéro non enregistré dans son répertoire tente de le joindre à quatre reprises. De retour chez lui, il rappelle pour savoir qui se cache derrière l'impatient. L'homme à l'autre bout du fil se présente : César Mavacala. Compagnon de Kadidiatou Diani, attaquante du club, l'homme gère également les intérêts de Marie-Antoinette Katoto. Considérée comme la Mbappé de la section féminine, cette dernière a rejoint César au terme d'une histoire intrigante. Jusque-là conseillée par deux agents, Katoto leur confie que des individus tentent de racketter sa mère à Colombes, où elle réside. La joueuse leur affirme qu'elle doit absolument verser de l'argent pour éviter tout risque. Les deux hommes proposent de lui faire quitter la ville pour l'installer ailleurs mais la joueuse hésite quelques semaines avant de finalement les informer que tout s'est arrangé. Les deux agents n'auront plus jamais de nouvelles de Katoto et apprendront par la suite qu'elle a rejoint l'écurie de César Mavacala. Un conseiller qui exerce le métier d'agent sans licence, déclarant travailler en collaboration avec un agent belge. Outre l'exercice illégal de la profession que cela révèle, on notera que l'agent en question, Emmanuel de Kerchove, est connu pour avoir été condamné, aux côtés du Brésilien de l'OL Michel Bastos dont il gérait alors les intérêts, dans le cadre de la vente d'une maison que possédait le joueur et qui avait été rachetée par... de présumés trafiquants de drogue, une partie du montant de la vente ayant été remise en espèces à l'agent.

Lors de ce premier contact avec Ollé-Nicolle, Mavacala s'adresse à l'entraîneur avec une certaine condescendance : « Quand le PSG t'a pris, je n'étais pas d'accord. Tu n'avais jamais entraîné de filles. Mais elles ont toutes fini par progresser, l'équipe tourne bien. » Il lui fait quelques compliments avant de préciser l'objet de son appel : « Celui qui est inexistant, c'est Ramé (manager général de la section féminine). Il n'a rien à faire ici. Je connais plus le foot féminin que lui. Il ne connaît rien, il n'a pas de réseau. C'est Sonia Souid qui a fait l'équipe. » Souid exerçait, il est vrai, une forte influence au club et était surtout l'agent des deux joueuses, Hamraoui et Diallo, qu'elle avait fait signer au PSG alors qu'elles occupent le même poste. César Mavacala veut prendre sa place. Il veut tout prendre au PSG. Sans scrupules, il indique alors au coach la marche à suivre pour diriger son équipe : « Avec Hamraoui, Ramé a fait entrer le loup dans la bergerie. Toutes les filles la détestent. Tu n'as qu'une chose à faire : tu ne la fais plus jouer. Si tu ne la fais plus jouer, tu n'auras plus aucun problème. Tu auras tout le vestiaire derrière toi. Si tu la fais jouer, le vestiaire va exploser. Et j'ai un dernier truc à te dire : fais attention à Bernard Mendy. C'est un contre-pouvoir au niveau des filles. Et moi, je le tiens. » L'ancien joueur du PSG a été imposé comme adjoint à Ollé-Nicolle et brigue en effet la place de numéro 1. Sur les écoutes téléphoniques, César évoque l'idée d'envoyer celui qu'il surnomme « le petit Noir » dans les pattes de l'entraîneur. Mendy se rapproche progressivement du clan Diallo mais n'arrachera pas le poste qu'il convoitait après le départ définitif d'Ollé-Nicolle. Le PSG lui préférera Gérard Prêcheur, conseillé par… César Mavacala.

L'appel téléphonique du conseiller de Diani et Katoto n'obtiendra pas l'écho attendu, puisque le coach parisien refusera d'écouter sa suggestion d'écarter Hamraoui. Mavacala décide alors de s'attaquer directement au manager général de la section féminine : Ulrich Ramé. L'appel est passé le 7 avril et dure près de 45 minutes. Décidément très autoritaire, l'homme propose cette fois-ci un plan de recrutement clé en main pour la saison prochaine : « Katoto, c'est un million d'euros par an pendant cinq ans. Tu prolonges Diani deux ans à 50 000 par mois. Tu fais re-signer Diallo deux ans. Tu vires Hamraoui et tu signes Oriane Jean-François (une joueuse du Paris FC dont il gère les intérêts). » Ramé lui signifie alors que le club a déjà avancé sur les signatures et les prolongations de contrat : six joueuses internationales dont trois Françaises sont sur le point de s'engager avec le PSG. Malgré l'appui du clan Mbappé (voir chapitre 8), Diallo ne sera pas conservée en raison de son niveau sportif jugé inadéquat. Katoto obtiendra en revanche l'un des contrats les plus importants de l'histoire du football féminin, notamment grâce aux redoutables capacités de négociation de son conseiller. L'ancien gardien de but des Bleus se montre plus réticent encore lorsque César Mavacala lui suggère de se séparer d'Ollé-Nicolle. Face à cette hésitation, le compagnon de Diani évoque le fait que bientôt, un scandale sexuel éclatera et salira l'entraîneur…

Le vrai-faux scoop est révélé par le YouTubeur/influenceur Romain Molina. Très suivi sur les réseaux sociaux, il passe pour une personne capable de sortir des affaires. Mais parfois, comme cette histoire va le montrer, il se contente de répéter les messages qu'on lui transmet, sans être conscient d'être instrumentalisé.

Très vite, après l'agression, Molina apparaît comme la personne la mieux informée. Il parvient à orienter le reste des médias et même la police vers la piste de l'adultère, de préférence à celle de la rivalité sportive entre Diallo et Hamraoui. Même les ultras parisiens, dupés par ses vidéos d'explication partisanes, déploieront une banderole de soutien à Diallo au Parc des Princes.

Basé en Espagne, loin des réseaux classiques d'informations, Molina tourne ses vidéos depuis son appartement. Il bénéficie curieusement de certaines informations assez précises sur ce dossier. Tout son discours est orienté dans un seul sens : discréditer Hamraoui et, par conséquent, réhabiliter sa doublure, Diallo, après la garde à vue de celle-ci consécutive à l'agression. Le 23 avril, il envoie un tweet au ton sensationnaliste pour évoquer une bagarre à l'entraînement, censé pourtant se dérouler à huis clos. La coupable, selon lui, est toute désignée : « Hamraoui a insulté Baltimore[17], puis ça a dégénéré avec d'autres joueuses. » Sous ce même tweet, il en rajoute une couche sur la même personne : « Déjà en début de semaine, Hamraoui n'était pas à un entraînement. Aucune explication donnée au groupe. Le lendemain, elle s'est pointée avec son garde du corps, ça a discuté, l'entraînement a commencé après, personne ne sait pourquoi. Le coach laisse faire... » Friand de détails croustillants et spécialiste dans l'art de *teaser* ses révélations, ou supposées telles, Molina consacre quatre tweets à annoncer un chamboulement majeur à la tête de la section féminine du PSG. Dans le troisième, il évoque le sort d'Ollé-Nicolle et une information secrète en forme de bombe, dont la détonation est attendue la semaine suivante. Le 24 mai, totalement manipulé, il lance l'histoire du prétendu scandale sexuel. Une fausse accusation particulièrement infâme à l'encontre d'un sexagénaire respecté dans le milieu. L'affaire en question ? Ollé-Nicolle est vaguement soupçonné d'avoir tapé sur la fesse d'une joueuse avant son entrée en jeu, lors d'un match de préparation aux États-Unis. L'histoire est reprise dans la presse française et une information judiciaire contre X pour agression sexuelle est ouverte par le parquet de Versailles. L'entraîneur engage un avocat et demande à être entendu par la police.

Quand il se retrouve face aux enquêteurs, ceux-ci le rassurent d'emblée : « Surtout, soyez tranquille. Ne passez pas un mauvais

17 Sandy Baltimore a été condamnée en mars 2023 pour violence après avoir frappé une ancienne amie dans la rue à Bois-Colombes.

week-end. Il n'y aura aucune charge contre vous. » En réalité, le dossier n'existe pas. Le père, qui s'est déplacé au commissariat avec la jeune fille prétendument victime, ne dépose aucune plainte. Il précise qu'il n'apprécie pas l'entraîneur, auquel il reproche de ne pas titulariser sa fille, mais concède que la frustration liée à son faible temps de jeu a poussé celle-ci à affabuler.

Les policiers apprennent par ailleurs à l'entraîneur parisien qu'Ulrich Ramé, son directeur sportif, était au courant de ces fausses rumeurs. Un manager qui n'aura donc pas cru bon de le mettre en garde contre ces actes de malveillance et ces calomnies…

Soulagé, Ollé-Nicolle comprend alors qu'il a face à lui des enquêteurs qui travaillent depuis des mois sur le dossier Hamraoui/Diallo. L'entraîneur du PSG apprend aussi de la bouche d'un inspecteur que l'enquête sur le tabassage d'Hamraoui va connaître un rebondissement spectaculaire et que l'affaire ne fait que commencer.

Tous les éléments de l'enquête mènent à Aminata Diallo, qui apparaît comme la commanditaire de l'expédition punitive. Une agression motivée par une haine féroce à l'égard de sa coéquipière qui, à ses yeux, lui barre la route à la fois au PSG et en équipe de France. Une animosité savamment entretenue par César Mavacala, son conseiller.

Les deux alliés conversent au téléphone à 33 reprises durant le mois qui précède l'agression. Pourtant, si son influence est évidente, Mavacala n'a aucun lien direct avec ce déferlement de violence, selon les policiers. Diallo n'aura pas besoin de lui pour penser et préparer le règlement de comptes.

Malgré les apparences et la fausse piste d'une vengeance sur fond d'adultère, les enquêteurs soupçonnent Diallo dès le départ : réponses vagues, contradictions, agacement, ils sont très vite persuadés que Diallo est derrière l'agression. Faute de preuves, ils vont toutefois la laisser libre.

Cette affaire extraordinaire mérite qu'on entre dans les détails en exposant les éléments de l'enquête qui ont conduit à la résolution de cette énigme.

C'est d'abord le mobile du crime qui a mis longtemps à se dessiner. Trop gros, trop évident pour être vrai. Ce sont pourtant la jalousie et la concurrence qui sont à l'origine de l'agression. On l'a dit, Diallo déteste Hamraoui, qu'elle voit comme celle qui lui prend sa place en équipe de France et au PSG.

Le soir de l'agression, c'est le PSG qui, en contactant la police, déclenche l'affaire. Lorsqu'il prend connaissance des faits, le club se préoccupe d'abord des blessures de Kheira Hamraoui avant de conduire ses joueuses devant les policiers. Elles seront cinq à être entendues. Diallo, Hamraoui, Karchaoui, Katoto et Geyoro, ces deux dernières dans un second temps. Logiquement, on commence les auditions avec les trois femmes qui se trouvaient dans la voiture.

Avec du recul, Hamraoui se souvient qu'à l'hôpital, alors qu'elle est sous le choc et qu'elle imagine les autres dans le même état, elle entend Diallo tenter une analyse de ce qui vient de se passer : « Eh, t'as entendu l'autre qui t'a tapé, il a dit que c'était à cause des hommes mariés ! » Pourtant, Diallo n'est pas descendue de la voiture et il est improbable qu'elle ait pu entendre quoi que ce soit…

Les trois premières joueuses qui se présentent face aux policiers de la PJ de Versailles affichent une attitude méfiante et se montrent peu soucieuses de collaborer. Kheira Hamraoui ne comprend rien à ce qu'il s'est passé. Aminata Diallo, pour sa part, fait étalage d'une telle volonté d'apparaître innocente qu'elle interpelle. Reste à établir des preuves et à construire l'accusation.

Plus que ces auditions, c'est la téléphonie qui va tout éclairer, et très vite. Plusieurs joueuses mentionnent des appels anonymes qui ont eu lieu quelques jours plus tôt, et dont l'enquête établit rapidement qu'ils proviennent d'une prison de Lyon. Leur auteur est un ami de Diallo : « Jaja » Ahmed. C'est un homme de main, un ancien boxeur, proche du milieu lyonnais.

Les liens entre le foot et le banditisme ne sont pas surprenants. Désormais lié à un banditisme de cité, le football a longtemps frayé avec des milieux mafieux plus « traditionnels », notamment à Marseille ou en Corse. Les stupéfiants, le foot, le rap, ces univers se croisent et se côtoient. On y retrouve les mêmes codes, la même sociologie.

Aminata Diallo est issue d'une cité à Grenoble. Dès qu'elle sort de son premier entretien avec la police, elle demande d'ailleurs à ses amis grenoblois ce que les enquêteurs peuvent trouver dans son téléphone. Habile et préparée, Diallo possède deux smartphones, que la police va cependant vite identifier. La joueuse est convaincue que le lien entre les agresseurs et elle ne sera jamais établi.

Après six mois d'enquête, on découvre et identifie les trois hommes qui ont tabassé Hamraoui. Ils viennent de Villeneuve-Saint-Georges et ils ont fait ça pour 500 euros. Leur mission : « frapper la blonde, faire semblant de taper la Noire et dire à voix haute : "Ça t'apprendra à toucher des hommes mariés." »

Une fois arrêtés, les trois vont immédiatement se mettre à table. Ils veulent prendre le minimum, alors ils balancent tout. Ils ne savaient même pas qui ils devaient agresser, ils comprendront plus tard, via les médias. Quand ils sont arrivés pour l'interrogatoire, ils ont tout de suite lâché : « On est là pour la joueuse de foot ? » Leur arrestation va être le tournant de l'affaire.

L'analyse de la personnalité de Diallo fait apparaître une rare méchanceté dans son comportement général. On relève très peu d'humanité chez elle et elle est animée d'une rage intérieure, dont elle avait déjà fait preuve bien plus jeune, lorsqu'elle avait été renvoyée de l'OL en 2011 après avoir menacé un jeune du centre de formation de le tuer à coups de couteau. Autour d'elle, on parle de refoulements liés à ses origines, à sa culture et sa religion.

Elle a deux passions. D'abord, le foot. Elle écoute et regarde tout. Et puis la série *Les feux de l'amour*, qu'elle adore. À propos d'amour, l'enquête révèle une histoire incroyable. Diallo entretenait une relation à distance avec une jeune femme de Grenoble qu'elle connaissait depuis « toujours ». Sauf que si Diallo savait à qui elle parlait au téléphone et via les réseaux, l'autre l'ignorait. La joueuse transformait sa voix et se faisait passer pour un homme. Elle se faisait appeler Bilel. Il pouvait lui arriver de très mal lui parler, voire de l'agresser verbalement. Elle jouait une relation poussée à l'extrême avec les codes qui sont les siens. La jeune femme de Grenoble apprendra la supercherie lors de son audition par la police. Elle sera évidemment sous le choc. Aminata Diallo avait même envoyé une vidéo d'un homme, un faux Bilel, pour entretenir la relation.

Les éléments probants sont nombreux. Lorsque la juge d'instruction les reçoit, peu de temps après l'agression, aucun doute ne semble plus permis quant à l'implication de Diallo.

Les conclusions de l'enquête, instruite par la même juge que le scandale Benzema-Valbuena, devaient être rendue publiques le 23 mai 2022. Près de six semaines avant… l'Euro féminin de football, auquel participent les Bleues. Par on ne sait quel tour de passe-passe, ce nouveau tremblement de terre ne sera finalement révélé qu'après la compétition. Un timing qui aura épargné l'équipe de France féminine mais qui coïncidera malheureusement avec les interpellations de l'affaire Pogba et une énième bombe qui secoue le football français : les enquêtes accablantes sur les dérives au sein de la FFF.

En juillet 2022, l'Euro féminin commence donc. Sans Hamraoui, sans Diallo. Le commando est identifié durant l'été. Il est difficile d'affirmer à 100 % que la FFF disposait d'informations totalement fiables sur ce dossier. Ce dont on est certain, en revanche, c'est que le PSG était au courant ; on a donc le droit de penser que la FFF n'en ignorait rien. Il convenait ainsi à tout le monde que cet énorme scandale n'éclate pas pendant l'Euro.

Aminata Diallo est défendue par maître Mourad Battikh, avocat médiatique, capable de nier avec aplomb même lorsque tant d'éléments accablent la joueuse. Lorsqu'il vient évoquer l'affaire sur le plateau de *TPMP*, il a tous les éléments en main, comme la police, d'ailleurs. Le GPS de la voiture des agresseurs, la téléphonie... Cela ne l'empêche pas de continuer de prétendre que non, sa cliente n'y est pour rien, et de s'embourber dans une explication ridicule quand on lui demande pour quelle autre raison elle avait pu faire une recherche Google sur « comment casser une rotule » ! Ce sera ensuite au tour de César Mavacala d'arpenter les plateaux pour se défendre et répéter que Diallo n'a rien à voir avec l'agression de Kheira Hamraoui.

Si l'affaire Diallo est le cœur du dossier, les écoutes laissent apparaître d'autres discussions croustillantes. Son monde est mis à nu. Plusieurs fois par jour, elle parle à César, son conseiller. Le sujet central est toujours Hamraoui. C'est une sorte d'obsession. Des conversations qui tournent aussi autour du foot, du PSG. Tous deux critiquent principalement le club. Ils critiquent tout le monde, à vrai dire, à commencer par Ulrich Ramé, considéré comme un « larbin » et dont l'insignifiance lui vaut le mépris de César, qui le place clairement sous son emprise. Mais ce qui frappe le plus, c'est le racisme omniprésent. Un racisme Noirs/Arabes : César qualifie le PSG de « club d'Arabes » ; les filles blanches du club, elles, ne sont même pas considérées, ou alors comme quantités négligeables. L'idée, dans les discussions entre Mavacala et Diallo, est d'« écarter les Arabes ». En substance, ce qui ressort des écoutes, c'est l'idée que les Noirs doivent dominer, prendre le contrôle et s'emparer du PSG. L'ambition de Mavacala est également d'élargir son influence au PSG masculin.

Mais sa première mission, c'est de mettre la pression sur le PSG et de réussir à faire virer Hamraoui, une « fouteuse de merde » qui en plus « baise avec tout le monde » ! Parmi ses relais, l'entraîneur lui-même, Gérard Prêcheur, qui, comme par hasard, ne titularise pas Hamraoui. Mais aussi son adjoint Bernard Mendy, toujours à ses ordres et du côté de Diallo, Diani et Katoto. Ce qui n'empêche pas Mavacala de l'affubler de surnoms tels que « Négro » ou « le petit Noir ».

Mavacala va monter une véritable entreprise de déstabilisation, voire de destruction. Diallo et lui parlent souvent de Romain Molina, à qui il faut « donner des infos pour qu'il balance ». Ils se serviront aussi de Shaheen Malik, ex-femme de Moussa Sissoko, l'ancien international français, désormais au FC Nantes. Les fausses infos colportées vont porter leurs fruits : à leur tour, on l'a vu, les ultras du PSG vont se faire influencer et apporteront leur soutien à Diallo tout en insultant Hamraoui. Romain Mabille, leader du groupe de supporters, rencontrera plus tard Kheira Hamraoui et s'excusera d'avoir été manipulé.

Shaheen, une ex-volleyeuse, est vaguement journaliste ; elle a effectué quelques piges à Canal Plus. Très impliquée sur ce dossier, elle active ses réseaux dans les médias pour faire passer le message que la méchante, c'est Hamraoui et Diallo, la gentille. La police va l'entendre à son tour en tant que proche de Diallo. C'est elle qui va suggérer d'aller voir du côté des « aventures » d'Hamraoui et de sa vie intime. Une ancienne relation entre la joueuse et Éric Abidal est alors révélée. Cela s'avèrera une fausse piste. Mais pendant quelques jours, il sera dit que l'agression pouvait être l'œuvre de l'ancien joueur, voire de sa femme ! Devenu ultra médiatique, le dossier Abidal, au fond, n'a rien à voir avec l'affaire. Le couple Abidal va, de fait, devenir un dommage collatéral. Ayet Abidal, l'épouse d'Éric, est reçue et entendue par la police. Elle découvre les infidélités de son mari et le divorce est vite enclenché.

D'autres événements ne vont pas manquer de troubler les enquêteurs dans les mois suivants. Lors d'un match à l'automne 2022, Diani marque un but. Les filles vont la féliciter. Hamraoui se joint à la fête. Elle sait ce qu'il s'est passé. Elle sait les clans, elle sait que Diani et Katoto ont publiquement soutenu Diallo. Elle les verra aussi, lors du match face aux Pays-Bas en février 2023, mimer un A avec les doigts pour envoyer un message de soutien à leur coéquipière. Au téléphone, César dira à Diallo : « Tu as vu, c'est moi qui ai dit aux deux filles de te rendre hommage, elles l'ont fait ! » Ce groupe de filles se détestent mais pourtant elles sauvent les apparences. C'est troublant. Choquant, même. Hamraoui a vécu un enfer, pourtant elle n'affiche pas de rancœur apparente. Elle a été insultée, traînée dans la boue sur les réseaux sociaux. Elle n'a reçu quasiment aucun soutien au club où l'idée directrice était de prendre soin de la vedette Katoto. Hamraoui surprend par sa force de caractère. Sa personnalité est stupéfiante et bluffe les observateurs avisés du dossier. Elle attend son heure. Elle sait que la police connaît la vérité et que tout sera bientôt révélé.

En attendant, sa quête absolue de réussite lui permet de tout effacer. Sa résilience est hors du commun. Elle aurait dû vouloir quitter le PSG, mais elle a choisi de rester. Elle répète autour d'elle que ce n'est pas à elle de partir et que cela ne lui ressemble pas de renoncer. Quand tout sera connu de tous, elle quittera le PSG où elle n'a eu aucun soutien. Nasser al-Khelaïfi était-il au courant ? Autour de lui, tout le monde sait.

Hamraoui est restée au PSG. Diallo a quitté le club. Elle n'a pas obtenu la prolongation de contrat qu'elle avait demandée à César Mavacala et qu'un temps le clan Mbappé avait soutenu, comme on le verra au chapitre 8.

Il ressort de l'enquête que le PSG a joué habilement sur les deux tableaux. Le premier objectif était de ne pas fragiliser la relation avec sa star Katoto. Et donc il ne fallait pas froisser César Mavacala, son conseiller. En signant Oriane Jean-François, dont il gère les intérêts, le PSG lui fait une faveur. Mais le club n'accède pas à sa demande de virer Hamraoui. C'est Victoriano Melero, homme de l'ombre, qui est à la manœuvre. Entre cynisme et habileté, il va permettre au Paris Saint-Germain de s'en sortir convenablement dans cette histoire. Le PSG est assez tôt au courant de la culpabilité de Diallo et va privilégier une stratégie visant principalement la préservation de ses intérêts. Chronologiquement et avant d'avoir la preuve de l'implication de Diallo, il fallait gérer la prolongation de Mbappé, puis celle de Katoto. Il y avait beaucoup de personnes à protéger dans ces différents dossiers. Et quand l'implication de Diallo devient claire, logiquement elle est lâchée par tout le monde.

Si César Mavacala n'a rien à voir, directement, avec l'agression, son rôle met en évidence les errements du PSG. Qui contrôle véritablement le club ? Pour garder des joueuses, même aussi brillantes que Katoto, le club est prêt à se placer sous l'influence d'un tel « faux agent » ? C'est lamentable. Pour l'ensemble de son œuvre, Mavacala devrait répondre devant la justice.

Aminata Diallo devrait être jugée en 2024. Elle peut prendre jusqu'à sept ans de prison. Mais elle devrait être condamnée à trois ou cinq ans maximum. Les jours d'ITT d'Hamraoui n'ont pas été assez nombreux pour que la peine soit plus sévère. Il est même fort probable qu'elle n'aille, finalement, jamais en prison.

Pour sa part, Ollé-Nicolle a été dirigé vers la sortie par le PSG à la fin de la saison 2021-2022. Au plus fort du faux scandale sexuel, les dirigeants l'avaient écarté en vue de le protéger de la tornade médiatique. Après une enquête interne, un communiqué avait été publié pour confirmer qu'il n'y avait pas d'affaire Ollé-Nicolle. Malgré l'innocence avérée de son entraîneur, le club de la capitale a pourtant fait le choix de se séparer de lui. Éprouvé par cette terrible expérience, Didier

Ollé-Nicolle a depuis déposé plainte pour dénonciation calomnieuse.

À ce jour, on attend toujours les excuses de Romain Molina pour avoir divulgué de fausses accusations. Il y a de fortes chances qu'Hamraoui porte plainte contre lui.

Ceux qui pensaient naïvement que le football féminin était plus « innocent » ou plus « propre » ont pu réaliser à quel point ils se leurraient. Ce foot n'est pas dirigé, pas contrôlé. L'OL a longtemps dominé le foot féminin européen, mais en partie faute d'opposition structurée, que ce soit en France ou en Europe. Le PSG est arrivé en rival en pensant que comme chez les hommes, l'oseille ferait tout. La Coupe du Monde 2019 en France devait être un tournant et permettre d'amorcer une évolution et un développement, mais il ne s'est rien passé. Noël Le Graët a abandonné les Bleues à Corinne Diacre. Au-delà de la controverse sur ses compétences, cette femme fermée, autoritaire, intolérante, a toujours été largement rejetée par les joueuses. L'ex-président de la FFF n'a rien voulu entendre et l'a maintenue en poste. Rappelons qu'il a toujours soutenu Raymond Domenech ! Et qu'il ne voulait pas de Deschamps avant d'en faire son allié opportun. En février 2023, suite à un triste match nul des Bleues face à la Norvège, Renard, Diani, Katoto, trois des joueuses les plus importantes de l'effectif, ont lancé une sorte de mutinerie en déclarant (implicitement) qu'elles ne viendraient plus en équipe de France tant que Diacre serait en poste. À quelques mois de la Coupe du Monde féminine, elles rejoignent celles qui avaient été écartées de façon arbitraire par la sélectionneuse. Heureusement pour elles, le monde de Le Graët s'étant écroulé, elles ont enfin été entendues. L'éviction de Diacre ne réglera pas tous les problèmes, loin de là. Candidat à sa succession, Gérard Prêcheur est soutenu par le duo fort des Bleues, Diani/Katoto, et conseillé par César Mavacala... S'il est nommé, Hamraoui sera-t-elle écartée de fait ? Qui fera la sélection ? Prêcheur ? Aulas ? Mavacala ?

Le foot féminin est un marécage effrayant. Une situation similaire chez les hommes donnerait lieu à des heures d'antenne et des sujets dans tous les médias généralistes.

Les écoutes téléphoniques autour de cette affaire ont aussi permis de mettre en lumière certaines relations étranges au sein du PSG, et notamment autour du président Nasser al-Khelaïfi. La corbeille du Parc des Princes accueille parfois des personnages pour le moins louches. Hicham Karmoussi, ex-joueur obscur de tennis et ancien majordome de Nasser, est par exemple très proche d'un gros trafiquant de « stups », Kamel Berkaoui. Un homme qui faisait transiter de la cocaïne de République Dominicaine en France grâce à l'aide de deux gardiens de la paix de Roissy. Sans toujours savoir qui il invite, NAK laisse trop souvent graviter autour de lui des personnes peu recommandables. Les autorités observent ce manège avec étonnement.

8

« Mbappé s'est mis dans une situation où il est plus important que le club. Et le club lui a donné les clés pour ça. Or, tu n'es jamais plus grand qu'un club [...] Aujourd'hui, avec cette nouvelle génération, les parents, papa, maman, qui tu veux, ils pensent être devenus des stars. Ils parlent dans les journaux. Mais pour qui tu te prends ? Tais-toi et reste à ta place. »

Zlatan Ibrahimovic, interview diffusée sur Canal +
en novembre 2022

Le Qatar a débarqué dans nos vies en décembre 2010, quand Sepp Blatter a ouvert l'enveloppe contenant le nom du pays organisateur du Mondial 2022. *Soft power* et milliards de dollars déversés dans tous les domaines : la stratégie mise en place par le Qatar pour devenir un acteur incontournable de la scène internationale a payé. Pourtant, la suite n'a quasiment été qu'une longue litanie de polémiques et le pays ne cesse d'être escorté par l'odeur du soupçon, de la méfiance, voire du rejet. Au bac philo, « Peut-on tout acheter ? » est un sujet récurrent. La plupart des dirigeants du pays ont fait des études bien plus poussées, mais les Qatariens n'ont pas besoin de s'embarrasser avec la philosophie, ni de temps à perdre en tergiversations, pour se convaincre que la réponse est positive. Et après plus de dix ans passés au PSG, personne ne sait si le doute s'est immiscé dans leur logiciel de réflexion. Après tout, quand, dans le documentaire Netflix sur les affaires de la FIFA, ils avouent à demi-mot avoir acheté la Coupe du Monde en ayant suivi le modèle initié par les autres pays pendant des décennies, il est assez difficile de leur donner tort. C'est peut-être une histoire « d'arrosage » plus ou moins subtil. « L'eau » des Occidentaux est peut-être plus pure, qui sait ? En tout cas, vu de Suisse, l'argent a une odeur et ça sent bon. Gianni Infantino, le président de la FIFA, est désormais un vassal assumé du Qatar et de sa voisine l'Arabie Saoudite. Principalement installé à Doha, l'homme qui a trahi puis volé la vie de Michel Platini a déplacé le centre névralgique du foot dans le Golfe Persique. Les décisions concernant le foot et son avenir se prennent désormais là-bas, après consultation des dirigeants locaux.

En France, le Qatar a pénétré le cœur de notre société et du monde des affaires durant les années 2000, notamment lors du mandat de Mohamed Jaham al-Kuwari, ambassadeur du Qatar en France de 2003 à 2013. Un diplomate qui a su s'attirer les bonnes grâces des responsables politiques français durant sa présence dans la capitale, en arrosant à tout-va : montres Rolex, chaussures Berluti, bons d'achat de plusieurs milliers d'euros dans les grands magasins (dont certains appartiennent au Qatar), etc. Des parlementaires sont allés jusqu'à se faire financer leurs vacances ou encore les travaux de leur appartement. Une « tradition » vérifiée par une grande partie de la classe politique actuelle. Bruno Le Maire, ministre de l'Économie, a lui-même concédé en 2016 avoir reçu une montre Patek Philippe cerclée de diamants d'une valeur de 85 000 euros pour avoir simplement accompagné l'émir durant quelques heures lors d'une visite à Paris.

Un cadeau que l'actuel ministre des Finances a déposé au coffre du ministère de l'Agriculture qu'il dirigeait à l'époque, et qui fut remis ensuite au service du mobilier national.

Une diplomatie (du) cash qui a assurément permis au Qatar de se positionner comme un investisseur majeur de l'économie française, même si Meshal Bin Hamad al-Thani, le successeur de Mohamed Jaham al-Kuwari, a rompu avec ces méthodes peu après son arrivée dans la capitale.

Doha possède actuellement plus de 25 milliards d'euros d'actifs en France, dont 7 dans l'immobilier. L'émirat a également acquis plusieurs fleurons français : Balmain, Le Tanneur, le Printemps Haussmann, le Hyatt Regency Paris Étoile, les hôtels Carlton, Martinez et Majestic de Cannes. Un portefeuille impressionnant qui fait de la France la deuxième destination européenne des investissements de la pétromonarchie derrière le Royaume-Uni. Mais malgré cette contribution exceptionnelle au PIB national, le Qatar ne parvient pas à convaincre décideurs politiques et journalistes du bien-fondé de sa présence. L'argent de l'émir est le bienvenu mais son influence est rigoureusement circonscrite, quand elle n'est pas dénoncée, voire combattue. En 2011, un plan d'investissement à destination des banlieues annoncé par Mohamed Jaham al-Kuwari déclenche une réaction hostile de la classe politique. Les anti-Qatar évoquent une ingérence étrangère : ces quartiers sont des ghettos, certes, mais ce sont nos ghettos… C'est un peu l'idée générale. La crainte sous-jacente et légitime est de voir l'emprise religieuse s'accentuer encore dans ces quartiers.

Depuis que le président Sarkozy a ouvert les portes de la France au Qatar, l'émirat est omniprésent, mais c'est comme si on voulait le cacher. On accepte l'argent, mais en détournant la tête. Le corollaire à cette schizophrénie est une hypocrisie généralisée. L'économie française accepte l'argent du Qatar mais ne veut pas le dire. Le foot français a bénéficié de l'apport des fonds qatariens mais ne veut pas l'admettre.

Logiquement, il y avait donc beaucoup de monde au bal des hypocrites qui a précédé la Coupe du Monde 2022. À l'orchestre, Anne Hidalgo tenait la flûte avec brio. Poussée par les tartuffes qui composent sa majorité municipale (Verts et extrême-gauchistes en tout genre), la maire de Paris, habituée de la corbeille du Parc des Princes, a décidé de céder à l'opinion minoritaire boboïsée. La ville de Paris, la ville du PSG participe donc au boycott du Mondial au Qatar. Une mascarade de classe mondiale !

En attendant le fiasco des J.O. dans sa ville, la maire de Paris a donc entretenu ce *Qatar bashing*, cette entreprise de courage politique à bas coût pratiquée depuis les salons parisiens.

Personne ne prouvera une quelconque indulgence de ma part à l'égard de la politique sportive du PSG et du travail de son président depuis onze ans. Mais je crois avoir toujours évité cette forme de mépris qui relève parfois du racisme qu'on entend régulièrement au sujet du Qatar. Commentant les différents scandales qui touchent le PSG, Éric Blanc, chroniqueur de la chaîne L'Équipe, évoque en octobre 2022 l'avenir du président Nasser al-Khelaïfi et lâche[18] : « Si ça va trop loin, le Prince le sortira. Pour le protéger. Il mettra quelqu'un d'autre à sa place. Il ira s'occuper des courses de dromadaires ou de 4x4 dans le désert… »

Au fond, on en est toujours resté à une équation simpliste : Arabe + argent = terrorisme.

---

18 Propos tenus dans *L'Équipe du soir*, émission du 20 octobre 2022.

Peu avant le début du Mondial, en plein cœur des polémiques quotidiennes, j'avais trouvé une citation d'un diplomate anglais du XIXe siècle qui se prêtait bien à la situation. Lord Palmerston avait déclaré à la Chambre des Communes en 1848 : « L'Angleterre n'a pas d'amis ou d'ennemis permanents ; elle n'a que des intérêts permanents. » Le général de Gaulle ne disait pas autre chose un siècle plus tard quand il expliquait en substance qu'un grand pays n'a pas d'amis, mais des intérêts. Encore faut-il avoir une certaine idée de la grandeur qu'on souhaite pour un pays, de la force qu'on veut lui donner, et éviter les craintes et peurs inutiles. Nul doute que le Général n'aurait pas aimé la phrase d'un proche de l'émir qui travaillait auprès de l'ancien ambassadeur. Étonné de l'ampleur de la corruption dans notre pays, il avait déclaré : « Les Français sont les plus faciles à acheter...[19] »

Mais revenons au Qatar et à sa gestion souvent calamiteuse du PSG. Près de dix ans après son arrivée, le constat est clair. L'atout majeur est aussi devenu le principal fardeau : l'argent. Persuadés que tout le monde a un prix, les Qatariens n'hésitent pas à graisser la patte des personnes clés pour parvenir à leurs fins. Mais le pouvoir de l'argent a ses limites, notamment dans le domaine du football. Incontestablement devenu une marque mondiale, le PSG peine à briller sur la scène européenne. Les défaites humiliantes sont plus nombreuses que les victoires épatantes. Les stars occupent l'espace et finissent par lasser avec leurs attitudes de gamins capricieux. Et malgré sa ribambelle de titres nationaux, le PSG n'est toujours pas devenu le cador européen espéré. Le club s'est installé

---

19 *Nos très chers émirs*, de Christian Chesnot et Georges Malbrunot (éditions Michel Lafon).

dans la routine d'une instabilité chronique et des scandales en série.

Depuis le début de la saison 2022-2023, les enquêtes journalistiques se succèdent à propos de plusieurs affaires (toujours en cours) liées entre elles : une armée numérique engagée pour traquer des cibles désignées, un ancien proche de Nasser al-Khelaïfi emprisonné et malmené au Qatar, un policier de la DGSI débauché pour s'occuper des relations avec les supporters mais soupçonné de pratiques d'espionnage… Au cœur de ces histoires de barbouzeries et de chantage, des données sensibles relatives à l'attribution de la Coupe du Monde 2022 et une sextape obtenue à l'aide d'une microcaméra cachée dans la chambre du président, à son insu bien sûr. Des éléments qui auraient atterri entre les mains d'autres personnes grâce à la complicité d'Hicham Karmoussi, l'ancien majordome de Nasser al-Khelaïfi licencié en juin 2020. À l'image de cette trahison commise par un homme qui le fréquentait au quotidien, le président du PSG subit, comme ses joueurs, les répercussions de scandales provoqués par son entourage. On parle très souvent de la gestion difficile de l'entourage d'un joueur de foot, beaucoup moins de celle d'un président comme celui du PSG…

En février 2023, quelques mois après la révélation par plusieurs médias d'une prétendue affaire de chantage autour du président al-Khelaïfi, trois juges d'instruction du Tribunal de Paris vont se plonger dans ce dossier en apparence complexe mais finalement assez simple à décrypter. L'acteur principal de l'affaire, Tayeb Benabderrahmane, exerce une profession aux contours étranges : lobbyiste. En région parisienne, il avait d'abord fait parler de lui pour avoir voulu ouvrir des poissonneries de luxe à Asnières. Un réseau le conduisant jusqu'au maire de cette ville lui avait ouvert une possibilité de marché. Ça ne s'est pas fait mais en termes de relations, le lobbyiste a vite progressé. Cette histoire, c'est simplement celle du soleil qui réchauffe. Le pouvoir qui attire et qui fait rêver.

C'est l'histoire de Malik et Tayeb. Le premier, Malik Nait-Liman, ex-flic de la DGSI, supporter du PSG, est soupçonné d'avoir profité de ses relations pour aider le club à obtenir des informations sur des personnes ciblées[20]. L'autre a été accusé de chantage. Il a eu en sa possession des clefs USB contenant des informations paraît-il explosives sur le président du PSG et sur le Qatar. Pour résumer, des sextapes de Nasser al-Khelaïfi et de quoi prouver que le Qatar a bien acheté la Coupe du Monde.

Mediapart et *Libération* ont été les premiers médias à s'intéresser à l'affaire. Les deux rédactions étaient en ébullition ! À travers les informations sur le Qatar, par ricochet on allait pouvoir se faire Sarkozy ! On allait enfin pouvoir prouver, douze ans après, qu'il a servi d'intermédiaire, qu'il s'est gavé sur le dos du Qatar ! Et Platini aussi ! Faire tomber les deux, le rêve de ces deux rédactions ! Sauf que ça fait douze ans qu'on cherche et qu'on ne trouve rien. Que Sarkozy et Platini aient penché pour que le Qatar obtienne la Coupe du Monde, ce n'est pas un secret. Qu'ils aient été arrosés, c'est une autre histoire. Un fantasme pour Mediapart et *Libé*… qui ne verra jamais le jour !

---

20 Malik Nait-Liman est mis en examen notamment pour « détournement d'un fichier national », « violation du secret professionnel » et « compromission du secret de la Défense nationale » mais se défend d'avoir exercé des activités privées de renseignement.

Sur cette affaire « Tayeb », j'ai rencontré tous les avocats. Lui en a changé trois ou quatre fois, j'ai fini par me perdre. Le dernier en date, Romain Ruiz, a récemment été saisi par son client pour porter plainte contre moi. Diffamation. Tayeb Benabderrahmane n'a jamais été un maître-chanteur et il attaquera désormais tous ceux qui diront le contraire. Or, un soir à l'antenne, relatant les faits relatifs à cette affaire, j'ai déclaré en substance qu'il avait cherché à faire chanter le président du PSG. Je me souviens avoir échangé vertement avec son avocat précédent à ce sujet. Un homme récupère des informations « délicates » sur un autre. Il met tout sur une clef USB. Il fait savoir qu'il a des informations « capitales ». Les médias s'agitent. On parle d'affaire d'État. Mais il n'y a aucun chantage ? Ok, je retire mon propos. Tayeb va au Qatar, aurait proposé ses informations à l'Arabie Saoudite, se fait arrêter à Doha, mais tout va bien, il était juste là-bas en vacances. Très bien. Aujourd'hui, il porte plainte pour enlèvement et séquestration. Et le point indiscutable, c'est qu'effectivement, il a été détenu à Doha. Pas en prison mais dans un lieu où il a été isolé. Un soir, j'ai reçu, sans connaître l'expéditeur, un dossier de 86 pages racontant le « séjour » de la famille Benabderrahmane au Qatar. Un document très détaillé rédigé par la femme de Tayeb, elle-même avocate. La façon dont le dossier a été transmis ne laissait aucune place au doute. Il avait été envoyé à plusieurs journalistes au même moment pour convaincre de sa bonne foi. Dans ce lourd dossier, on arrose un peu partout. On fait des ricochets. On fait du « *name dropping* » pour montrer qu'il a connu beaucoup de monde dans sa vie. Yamina Benguigui, Rachida Dati, les avocats Olivier Pardo et Francis Szpiner sont cités. Tous sont plus ou moins proches de Sarkozy. Si on peut mélanger politique, affaire et cul, on tient un gros truc ! J'ai également rencontré l'avocat de Malik Nait-Liman, l'ex de la DGSI. Maître William Bourdon. Plutôt qu'à son cabinet ou au tribunal, il devrait essayer d'exercer à l'Assemblée, côté NUPES. La clef USB, selon lui, est de nature à secouer le pouvoir. Le Qatar et Sarkozy ne s'en remettront pas ! C'est sa promesse. Il y avait dans son propos une sorte de haine primaire de l'ancien président de la République assez fascinante. Pourtant très peu fan du personnage, j'ai presque eu envie de le défendre.

Ce qui est incontestable dans cette affaire, c'est la séquestration au Qatar. Et c'est d'ailleurs sur ce point que Benabderrahmane axe sa ligne de défense : « Ne m'accusez pas de chantage, je suis la victime ! » Libéré contre remise des clefs USB, aidé en cela par maître Olivier Pardo, le lobbyiste n'a pas voulu en rester là et, épaulé par de nouveaux avocats, entend contre-attaquer ! Un jour ou l'autre, ce serait bien qu'il explique dans quel but il a rassemblé des infos sur une clef USB, puisqu'il faut comprendre et dire que ce n'était pas pour faire chanter le patron du PSG ! Au sujet de ces infos, sachant que plusieurs livres ou documentaires ont montré que le Qatar avait, comme d'autres pays avant lui, pratiqué l'arrosage de certains votants, il va rester quoi ? Les fesses de Nasser al-Khelaïfi ? Selon des personnes qui ont eu accès aux images, c'est effectivement le seul « intérêt » de la clef USB. À ce stade, il est difficile de savoir si *Libé* et Mediapart vont préparer un dossier sur la chambre à coucher du patron du PSG.

Ça grouille donc dans le marigot qu'est devenue la fameuse corbeille du Parc des Princes. Dans les jours qui précèdent un match, des agences de com' branchées de la capitale, des agents dans le monde de la mode ou du cinéma reçoivent des messages du PSG. L'idée est qu'il doit y avoir du « beau linge » au stade. Ça doit briller !

Reste que ces dernières années, les erreurs de casting se sont multipliées, autant sur le plan sportif que dans le domaine extra-sportif. Les alliés censés constituer le premier cercle de confiance sont surtout là pour « croquer ». Le Qatar et son argent, ça fait tourner les têtes ! L'appât du gain semble être la principale motivation de ces prétendus « amis ». L'argent du Qatar fait fantasmer. Un management hasardeux dans lequel plusieurs personnes, pourtant incompétentes dans la gestion d'un club de haut niveau, exercent une influence conséquente sur al-Khelaïfi : artistes issus de l'Île-de-France (DJ Snake, Malik Bentalha…), sportifs (Djamel Bouras), lobbyistes, Français expatriés au Qatar… Une grande partie d'entre eux communiquent avec le Qatarien à l'aide d'un groupe WhatsApp officieux, où plusieurs noms présents dans l'organigramme du PSG font régulièrement l'objet de critiques acides de la part de ces visiteurs du soir d'un genre particulier. Il ne s'agit pas de dire que ces gens-là sont malhonnêtes, mais juste de se demander si un club de très haut niveau doit fonctionner de cette façon. Surtout que beaucoup de ces personnes aiment à dire qu'elles ne sont pas écoutées par le boss. D'où vient le pouvoir ? Qui décide vraiment ? Tout est sujet à fantasmes. Les amis anglais de NAK ? Les deux supporters de Tottenham ont vraiment une influence sur la vie du PSG ? Gastón Gaudio, l'ami du tennis ? Paris ou Doha ?

Ce qui ressort de l'analyse globale et des témoignages recueillis, c'est que Nasser al-Khelaïfi ne parvient pas à imposer son autorité. Ni à ses supposés subordonnés, ni aux collaborateurs occasionnels du club, ni à ses joueurs. Luis Campos, qui a remplacé Leonardo à la fin de la saison 2021-2022, semble disposer d'une liberté jalousée par n'importe quel directeur sportif. Pour faire plaisir au clan Mbappé et pour s'assurer de la prolongation de contrat de Kylian, le PSG a engagé Campos. Un ami de longue date connu à Monaco. Campos a imposé son coach Christophe Galtier. Une surprise pour tous les observateurs du foot. Présent à Las Vegas pour les championnats du monde de poker en juin 2022, Neymar s'amusait de la rumeur annonçant Galtier sur le banc. Impossible à ses yeux. J'ai vu une vidéo montrant une personne parlant de Galtier à la star du PSG. L'éclat de rire au simple énoncé du nom de l'entraîneur français en disait long sur l'estime qu'il lui portait.

Carte blanche à Campos, donc. Deux marchés des transferts plus tard, au Qatar on se dit déjà qu'on s'est encore trompé ! Le manager portugais a viré des joueurs pour remplir le vestiaire de mecs de seconde zone. Un exemple ? Le recrutement incompréhensible, à l'ultime journée du mercato estival, de Carlos Soler. Le joueur, qui occupe un poste déjà largement pourvu au sein de l'effectif parisien, a été acheté au FC Valence pour 20 millions d'euros. Une signature conclue à l'issue d'un accord passé entre Luis Campos et l'agent Jorge Mendes, directeur sportif officieux du club espagnol. Une belle petite affaire entre amis réalisée au détriment du PSG et de son président qui suscite la moquerie des protagonistes du marché européen… La venue du quidam Ekitike pour un prêt avec option d'achat de 35 millions et 600 000 euros de salaire mensuel ressemble quant à elle à une blague de mauvais goût.

Avant Campos, c'était Antero Henrique le patron des transferts. On le dit parti, puis on apprend qu'en fait, il est le relais de l'émir au Qatar !

Parmi les subordonnés de NAK, il y avait le sémillant Jean-Martial Ribes. Il devait gérer la communication du club tout en conseillant à son patron de ne surtout rien dire. Ribes a terminé sa mission essoré, vidé. C'est à peine s'il avait le droit de dormir. On a arrêté de chercher à comprendre ce qu'il gérait réellement jusqu'à la découverte de cette armée numérique qu'il a créée pour étouffer les critiques contre le club. Une flopée de comptes Twitter vrais et faux pour dire du bien et s'en prendre à ceux qui osent dire du mal. Le club a même inventé le concept des faux journalistes à la tête de comptes de supporters. On les invite au stade, ils ont droit à la tribune de presse. On leur transmet de vraies infos pour qu'ils se prennent encore plus pour des journalistes. Ribes parti, il pensait se reposer en allant poursuivre sa carrière au sein du groupe LVMH. Mais la révélation de l'armée numérique qu'il avait créée a eu raison de sa période d'essai. La vie est dure au PSG, elle le reste après le PSG.

L'idée de s'entourer de gens qui ne savent rien du foot et encore moins du PSG est totalement stupéfiante. Après Ribes, al-Khelaïfi s'est entiché de Fabien Allègre. Il gère le marketing et le développement de la marque PSG. Après s'être gavé de contrats en tant que collaborateur extérieur, il a été embauché par le club. C'est lui qui avait eu la piteuse idée de changer la musique d'entrée des joueurs les soirs de match. Il a récupéré un son de DJ Snake afin de remplacer Phil Collins. Devant le tollé et la crise des supporters qui menaçait, l'opération a été annulée. DJ Snake a déclaré ne pas avoir été mis au courant de l'utilisation qui serait faite de sa musique. Allègre a pris un savon mais n'a pas été contesté. Il est toujours en poste. Les simagrées des supporters, il s'en fout. Lui est là pour séduire de nouveaux clients, gagner des parts de marché. Et les résultats sont probants. Faire du chiffre sans insulter l'histoire du club et les traditions, ça doit pourtant être possible…

Au PSG version Qatar, l'argent rend fou. C'est une auberge où tout le monde veut sa table et partir sans payer. Les transferts sont donc forcément un dossier sensible. Et le moins que l'on puisse dire, c'est qu'ils n'ont pas toujours été menés avec une transparence exemplaire. Durant ses premières années à la tête du club, Nasser al-Khelaïfi est contraint de travailler avec plusieurs intermédiaires sud-américains pour pouvoir recruter certains joueurs. Plutôt que de prendre le temps de réaliser ces opérations par le biais d'un agent confirmé, le président se contente d'un prête-nom. Au cours d'un voyage en avion, une personne nommée Laurent Gutsmuth s'assied à côté de lui et fait valoir ses qualités d'agent licencié. Une poignée de main plus tard, l'homme se retrouve associé à plusieurs transferts célèbres, de Neymar à Dani Alves en passant par Javier Pastore et Thiago Silva. Laurent Gutsmuth encaisse les commissions puis les reverse aux agents sud-américains tout en gardant une partie, selon un système décrit au chapitre 2. En raison des sommes faramineuses déposées provisoirement sur son compte, le Français fait parfois traîner les choses afin de percevoir les intérêts… Un véritable bricolage qui a finalement été interrompu par la direction du club.

Au-delà d'une administration périlleuse des modalités de transfert et de dépenses pharaoniques qui auraient facilement pu être évitées, le club a surtout failli dans sa capacité à imposer son autorité. Le cas Neymar pourrait faire l'objet d'un livre à lui tout seul. Même durant l'âge d'or d'Hollywood et de ce qu'on appelait les Nababs, on a du mal à trouver trace d'une telle diva !

Le cas Idrissa Gueye a alimenté la chronique de la fin de la saison 2021-2022. À l'occasion de la 37e journée, tous les joueurs de Ligue 1 portent un maillot avec un flocage arc-en-ciel pour faire écho à la journée mondiale contre l'homophobie. Le joueur sénégalais, absent l'année précédente lors de la même initiative de la LFP, ne figure pas sur la feuille de match. L'entraîneur, Mauricio Pochettino, précise qu'il « n'est pas blessé » et évoque une absence liée à « des raisons personnelles ». Face à la polémique engendrée par ce passe-droit, le PSG se contente d'un communiqué tiède dans lequel il rappelle qu'il a « toujours tenu à combattre toute forme de discrimination ».

Ce fameux combat contre les discriminations est en réalité une fadaise destinée aux médias. Ça fait bien, ça fait des campagnes de pub, des slogans, mais l'envers du décor est moche et le futur n'incite pas à l'optimisme concernant la tolérance, le « vivre ensemble » et autres soupes bienveillantes qu'on nous sert à longueur de plateaux télé ou radio.

À l'époque de *Racaille Football Club*, j'avais fait le tour des centres de formation. Ce qui ressortait de mes différents entretiens, c'est qu'outre des joueurs, on formait aussi des hommes. Enfin on essayait. C'était le discours, par exemple, de Jean-Michel Vandamme à Lille, d'Henri Stambouli à Marseille, de Rémi Garde à l'OL : tous m'avaient confié, il y a dix ans, que la formation de l'humain était même plus importante que celle du joueur. J'avais été particulièrement surpris à Marseille où j'avais senti beaucoup de désarroi chez les formateurs devant la difficulté à faire face aux problèmes proposés par des jeunes de quartiers difficiles à canaliser. La surprise ultime avait été de constater que l'homme fort du centre de formation était un ancien boxeur, engagé pour « tenir les jeunes » !

Depuis, rien n'a changé et on a même le droit de se demander si la situation n'a pas empiré. L'affaire Pogba et d'autres du même genre, ce qu'on qualifie communément et simplement de « problèmes d'entourage », ont fait frissonner pas mal de clubs. Dix ans après *Racaille*, je n'ai pas fait de tour de France. 70 à 80 % des jeunes joueurs viennent d'Île-de-France. Autant s'intéresser directement à ce qu'il se passe au PSG. L'élite de notre football. Mais au PSG, le sujet central, ça reste les stars, les paillettes. Ce qu'il se passe dans l'arrière-boutique est délaissé, même si, reconnaissons-le, le club s'est préoccupé de la situation de ses jeunes.

Pour faire face aux difficultés rencontrées avec les U16, U17 et U19, le PSG a ainsi fait intervenir des personnes extérieures pour parler aux jeunes, créer un lien et établir un bilan « humain ». Virginie Megnin est coordinatrice scolaire au PSG et référente socio-éducative. Le club emploie également un CPE, trois surveillants, neuf maîtres d'études. Au total, si on ajoute la direction, le staff sportif, médical, le suivi psy, l'intendance, la performance, cinquante personnes sont là pour encadrer les jeunes des différentes catégories. Le constat reste invariable, former l'humain est la priorité… et la principale difficulté. Concrètement, on observe au centre de formation du PSG des comportements qu'on retrouve ailleurs dans la société et notamment auprès d'une jeunesse dite des « quartiers ». Vous savez, toutes ces choses dont il faut éviter de parler sous peine d'être accusé de faire le jeu de l'extrême droite : homophobie, communautarisme, fait religieux. Une problématique dont le PSG semble avoir pris conscience suite à l'envoi, il y a quelques mois, d'un questionnaire consacré à la question de l'homophobie. Le document, adressé à tous les centres de formation de France, a révélé des résultats inquiétants chez les jeunes

Parisiens, classés derniers dans ce domaine. Paradoxalement, ces jeunes ne sont absolument pas réfractaires au dialogue et même plutôt demandeurs. Ils s'expriment librement et c'est une étape jugée intéressante dans leur formation. Ils veulent évoluer, sentant peut-être parfois qu'ils ont des idées arrêtées. Mais le chemin est long.

On découvre donc des adolescents intolérants face à la différence, en particulier lorsqu'il s'agit des homosexuels et des « Blancs ». La négation dans les médias de l'homophobie dans le foot est exaspérante. Pour éviter qu'un lien se fasse entre l'extraction sociale du joueur, sa religion et l'homophobie, la plupart des médias bien-pensants préfèrent évacuer le sujet.

En février 2022, le PSG avait organisé, en lien avec une association, un atelier participatif sur le thème de l'homophobie dans le foot. Virginie Megnin et le directeur du centre de formation de l'époque, Jean-François Pien, étaient ravis d'ouvrir ce dialogue avec les jeunes. L'intervention a eu lieu, mais des événements étonnants sont venus parasiter les bonnes intentions initiales. Jugeant le sujet important, la LFP et le ministère ont voulu se joindre à l'opération. Mais la direction de la communication du club s'est clairement opposée, par le biais de Nicolas Serres, à la médiatisation que leur présence aurait rendue inévitable, et a mis son véto à toute présence extérieure. Comme s'il fallait cacher les réactions des jeunes Parisiens. Même si elle a fait part de son agacement, la ministre, Roxana Maracineanu, qui disait vouloir être à la pointe sur ces sujets, a été contrainte de s'effacer.

Sur une question aussi sensible et face à une jeunesse aux idées souvent problématiques, les clubs sont pris en étau entre le souci d'agir et d'ouvrir le dialogue, et celui de ne pas faire de vagues. Personne au PSG n'a envie qu'on sache qu'un gamin du club, un arrière latéral doué et par ailleurs porteur du brassard de capitaine d'une sélection de jeunes, a déclaré en cours d'histoire-géo qu'il « chiait » sur la France et les lois de la République, et que jamais on ne lui ferait chanter *La Marseillaise*. Nous, on se contentera juste de ne pas citer son nom en espérant que les actions du PSG parviendront à corriger l'éducation des aspirants pro.

Les sujets liés à l'éducation civique constituent des petites bombes en puissance dans tous les clubs de L1. Au PSG plus qu'ailleurs, car le club envoie une large proportion de ses jeunes dans le monde pro. Rien à voir avec l'OM, par exemple, dont le centre de formation affiche des résultats pitoyables. C'est aussi l'un des clubs où les éducateurs sont les plus sévères sur ces questions. Tenir le moindre propos discriminatoire « empêche de porter le maillot de l'OM », dit-on.

Derrière ces éducateurs qui opèrent un travail de l'ombre admirable, les clubs cachent la misère. Il ne faut pas montrer nos jeunes, pas de médias, pas d'enquête. Préserver l'image du club, de la ville. Faire attention aux sponsors, ne pas salir l'image du foot. Il ne faut pas afficher ces jeunes, leur éducation, leur agressivité, leur culture, leur religion. Tout cela est explosif. Alors on dispense des cours et on s'accroche à une ouverture à des associations plusieurs fois par mois, comme des tentatives de sauvetage d'une jeunesse en perdition.

À Troyes, un représentant associatif venu parler homophobie a été chassé par les jeunes du club. Une violence tangible : « Qu'est-ce que tu fous ici toi, casse-toi sale pédé. » Ça ne s'est pas su. Le club a étouffé. Rappelons que Troyes appartient à la galaxie « City Football Group », créée afin d'administrer les relations entre différents clubs liés à Manchester City. Cette société est elle-même gérée par une holding du nom de Abu Dhabi United Group qui détient 78 % des parts, par un consortium d'entreprises publiques de Chine, China Media Capital, et par la multinationale américaine Silver Lake Partners (10 % des parts).

On parle des jeunes, mais quid des pros ? En équipe de France, chaque action liée à ce sujet provoque de façon troublante des maux de tête ou des rages de dents impromptus. Forcément, certains déclinent : la dent malade, c'est aujourd'hui qu'il faut la soigner, pas de bol. Et si on se résout à le faire une fois, c'est bien assez. En mars 2022, un clip contre l'homophobie est envisagé avec des acteurs des Bleus. Devant le nombre de « maladies » détectées chez les joueurs, on demande à Didier Deschamps de venir à la rescousse pour sauver le projet. Réponse de l'attaché de presse, Raphaël Raymond : « Non, il ne viendra pas. Il l'a déjà fait en 2018. » Face à l'insistance des initiateurs du projet, l'ancien journaliste de *L'Équipe* devenu homme à tout faire de Deschamps s'agace : « Mais tu crois quoi, toi ? Que TA cause, c'est la priorité ? Tu devrais déjà être content d'être ici… »

À Montpellier, un dialogue sur le même thème a impliqué l'ancien joueur du PSG Mamadou Sakho. De l'avis de tous, un type formidable. Et assurément, il l'est. Mais il y a des sujets qui fâchent. Au cours de la discussion, il a tenu à préciser qu'il n'était évidemment pas homophobe, « mais » ! Le fameux « mais » ! Mais on en parle trop. Mais la cause LGBT est un business qui sert « des intérêts financiers aux USA et en Asie ». Mais on nous impose de porter des maillots. Mais il faut nous laisser tranquilles avec ça.

« Nous laisser tranquilles avec ça » ! « Ça » c'est, bien au-delà de l'homophobie, un ensemble qui comprend des valeurs de notre République. Et quand on entend qu'un joueur de foot, ce n'est qu'un joueur de foot et qu'on lui en demande trop, on peut aussi penser que c'est un acteur majeur du sport le plus populaire au monde. C'est souvent un exemple pour beaucoup de jeunes. Et un petit geste en retour de toute cette gloire ne devrait pas être si pesant. À condition de le faire en pleine conscience et sans se forcer. Et c'est certainement là que réside le principal problème.

Ces réticences sont d'autant plus regrettables que sur le terrain, tout n'est pas perdu. La grande enquête d'octobre 2022 effectuée auprès de 1321 jeunes, 27 centres de formation (L1 et L2) et 8 pôles espoirs révèle qu'individuellement, les réponses sur des questions liées aux discriminations montrent une ouverture d'esprit qu'on ne retrouve pas dans les ateliers collectifs. Les réflexes de groupe, le regard des autres brouillent les pistes. Le travail des éducateurs dans les centres de formation, les interventions extérieures des différentes associations portent peu à peu leurs fruits. L'investissement de certaines personnalités du monde pro pourrait assurément jouer un rôle décisif.

Revenons aux jeunes du PSG. Majoritairement, ils obéissent à une vision communautariste fortement préjudiciable. Les plus talentueux ou les plus mûrs d'entre eux étant appelés à devenir professionnels d'ici peu, le PSG veut agir vite pour corriger les idées pour le moins tordues de certains de ces jeunes. Le travail de Virginie Megnin, personne admirable de l'avis de tous, est de casser les systèmes de pensée préconstruits auxquels elle fait face. Elle doit éduquer ou rééduquer ces jeunes. Chez tous, on note finalement un manque de confiance, une sorte de sentiment de perdition et des repères brouillés et simplistes. Chez ceux qui sont frères de

« stars » s'ajoute la pression de la comparaison avec celui qui a « réussi ».

Le racisme et le séparatisme, basé sur la couleur de peau, ont poussé le PSG à s'adapter. Tout en cherchant à combattre ces préjugés, le club a recruté des formateurs en fonction de leurs origines. Ils seront ainsi mieux acceptés. De la même façon, les jeunes n'ignorent pas que la famille de Virginie Megnin n'est pas 100 % blanche. Ça semble être un atout pour son autorité et sa crédibilité. Aujourd'hui, quand on organise des exercices avec les jeunes, il y a un assemblage quasi naturel aussi étonnant qu'inquiétant. Les Arabes se mettent avec les Arabes, les Noirs avec les Noirs et une dernière catégorie regroupe ceux qui restent, les métis et les Blancs... Tout cela est évidemment stupéfiant, étourdissant et le seul élément rassurant, c'est d'entendre qu'en dépit de ce qui ressemble à des barrières mentales, il y a une volonté chez les jeunes d'évoluer, d'apprendre à se comporter autrement.

Après le racisme et l'homophobie, l'autre fléau à combattre, c'est celui du sexisme. Un jeune a récemment été viré du centre pour agression sexuelle. Un acte qui fait réfléchir sur l'idée de rassembler les filles et les garçons dans le nouveau centre d'entraînement de Poissy, un projet qui effraie beaucoup d'observateurs. La FFF, qui a eu plusieurs cas à régler et parfois à étouffer à Clairefontaine, a conseillé au PSG d'éviter, ou en tout cas de se méfier d'un tel rapprochement. La consommation importante de la pornographie chez les ados, généralisée dans notre société, n'aide pas à évoluer et à sortir d'un sexisme primaire. Pour avancer sur le sujet, on a proposé aux jeunes aspirants du PSG une rencontre avec une athlète dont la carrière a été brisée après avoir subi un inceste.

Psychologiquement détruite, elle est devenue ce que les jeunes appellent une fille facile avant de réussir à s'en sortir enfin. Cette histoire bouleversante les a touchés et a provoqué un électrochoc. Apprendre les difficultés auxquelles font face ces formateurs, des éducateurs, nous a également touchés. Passées la stupeur et la désolation, nous n'avons pu qu'être admiratifs du travail fourni par ces personnes auprès de ces jeunes. Savoir que ceux-ci ne sont pas fermés au dialogue et se montrent soucieux d'évoluer entretient l'espoir. À condition d'accepter de s'attaquer aux sujets complexes, et de ne pas carrément les nier pour des raisons démagogiques et de clientélisme de caniveau.

En attendant, ce sont les stars actuelles du club qui continuent de poser un problème quasi permanent, à commencer par Neymar. Les frasques du Brésilien n'ont jamais pu être stoppées, malgré plusieurs tentatives infructueuses. Lors de la saison 2021-22, à coups d'allers-retours permanents, Neymar était quasiment plus souvent à Barcelone qu'à Paris. Le plus grand effort du joueur de la Seleçao ? Éviter les boîtes parisiennes telles que le Matignon, où Marco Verrati a longtemps fait partie des meubles. Il faut dire que Neymar a fait construire sa propre discothèque privée de 150 mètres carrés chez lui. Les bus remplis de filles débarquent régulièrement et les téléphones portables sont interdits. Le Brésilien souhaite éviter ainsi toute photo ou vidéo compromettante pour lui et ses amis qui l'accompagnent partout. Les fêtes organisées par Neymar à son domicile ont même fini par exaspérer le maire de Bougival, la ville où il réside, qui a décidé de lancer une procédure de conciliation contre lui.

L'attaquant est certainement celui qui a le plus sapé l'autorité du club, sans que cela ait la moindre conséquence pour lui.

Après une nouvelle humiliation face au Real Madrid en mars 2022, Nasser al-Khelaïfi a annoncé la fin de l'époque « bling bling ». Les hygiènes de vie déplorables de plusieurs cadres du vestiaire ont enfin été pointées du doigt. On attend encore les effets de cette nouvelle « politique » ou prise de conscience.

Une déclaration précédée un mois plus tôt par l'officialisation de la prolongation de Mbappé au PSG, après des semaines de rumeurs et de rebondissements. Le plus gros contrat de l'histoire du sport : 630 millions brut sur trois ans. Des chiffres révélés en octobre 2022 par *Le Parisien* après la crise du « pivot gang » entre la direction et le joueur. Après un match nul contre Reims, Mbappé exprime sur Instagram sa frustration liée à son positionnement sur le terrain, limité à un rôle de pivot selon lui alors qu'il souhaite la même liberté qu'en équipe de France. Une affaire qui symbolise toute la nature du rapport de pouvoir imposé par le joueur, devenu une véritable machine de guerre sur et en dehors des terrains. À Monaco déjà, l'adolescent surdoué mais impatient pose des problèmes à Bruno Irles, responsable des U17 au sein du centre de formation. Ce dernier se plaint auprès de son père, Wilfried Mbappé. Tel un enfant de CE2 qui a les capacités d'un CM2, Kylian s'ennuie et refuse de suivre la marche imposée. Le père insiste auprès des dirigeants pour tester son fils en Ligue 1 alors que le club n'envisage même pas de le faire jouer en réserve. L'attaquant, appelé à exploser tous les records chez les Bleus, est un jeune homme pressé. Au risque de se brûler les ailes et… d'agacer de nombreux collègues, en club comme en sélection. Ses performances hors normes le protègent de tout. Être bon avec le PSG est une chose, mais sa réussite extraordinaire lors de la Coupe du Monde l'a envoyé sur une autre planète. Désormais adoubé et câliné par le président de la République lui-même[21], Kylian Mbappé est intouchable et veut bien plus qu'un pouvoir sur le terrain. Quelques mois avant le Mondial au Qatar, le joueur exige à plusieurs reprises une révision de la convention qui encadre la question du droit à l'image pour les internationaux français. La star du PSG menace même de boycotter la séance photo des sponsors s'il n'obtient pas un droit de regard sur le choix des marques et les conditions de sa participation. La FFF, déjà empêtrée dans plusieurs affaires majeures, est contrainte de publier un communiqué dans lequel elle « s'engage à réviser, dans les plus brefs délais, la convention » pour éviter un autre scandale... Une victoire obtenue à l'aide d'une redoutable stratégie concoctée par l'avocate du joueur, Delphine Verheyden, ancienne conseillère du quadruple médaillé olympique Teddy Riner. Consciente du potentiel marketing unique de Kylian, la juriste exige dans un premier temps de la FFF que son client puisse « intervenir sur ce qu'il génère ». Accusée d'entreprendre des démarches individualistes, l'avocate réajuste son argumentaire pour le réorienter sur les valeurs : Mbappé serait réticent à l'idée d'associer son image à des marques de junk-food ou de paris en ligne. Un bras de fer perdu par la fédération, même si à ce jour et en raison du désert de pouvoir qu'est devenue la FFF, rien n'a été acté officiellement. Les conséquences financières ne sont donc pas encore connues. Quelles seront les marques qui pourront être associées aux Bleus ? Si elles ne peuvent plus avoir Mbappé sur une campagne de pub, certaines marques ne risquent-elles pas de se désister ? La star sera-t-elle suivie par d'autres joueurs

21 Emmanuel Macron a appelé directement Kylian Mbappé pour lui demander de rester au Paris Saint-Germain. Certains observateurs ont comparé ce geste au décret publié en 1961 par le président du Brésil Janio Quadros pour déclarer le joueur Pelé « trésor national ».

soucieux d'avoir le même droit de regard ? Pour Mbappé, la victoire est en revanche totale. L'international a valorisé son image aux yeux des plus grandes entreprises susceptibles de le solliciter. Une nouvelle dimension qui lui permettra de signer des contrats bien plus importants...

En définitive, le clash Mbappé/FFF constitue certainement la plus formidable parabole pour illustrer la victoire de l'individuel sur le collectif. Mbappé est devenu une *cash machine* dont on ne connaît pas les limites et c'est parfois cocasse. Au zoo de Beauval, en novembre 2021, Kylian Mbappé a accepté officiellement de parrainer l'une des jumelles pandas nées trois mois plus tôt au sein de l'établissement. Pour s'acquitter de sa tâche de « parrain », le joueur français se rend deux heures sur place, aux côtés de la championne olympique chinoise de natation synchronisée Zhang Jiaqi (qui a parrainé l'autre bébé panda). Un événement suivi en direct par des millions de téléspectateurs en Chine, où ces animaux sont sacrés. Pour cette prestation et ce parrainage, Kylian Mbappé aurait reçu une somme de 8 millions d'euros.

Avec le plus gros contrat de l'histoire du sport, des sponsors qui se bousculent et quelques transactions comme celle du zoo de Beauval, Kylian Mbappé a d'ores et déjà bâti un empire financier exceptionnel. Sa mère, qui gère ses intérêts, le concède sans aucun tabou : sa famille ne connaîtra jamais aucun problème d'argent.

Mais Fayza Lamari veut davantage que des comptes en banque bien garnis. Partout où elle est en mesure d'exercer son influence, la cheffe du clan Mbappé souhaite acquérir de plus en plus de pouvoir. À commencer par le Paris Saint-Germain. C'est en enquêtant sur l'affaire Diallo/Hamraoui et en lisant les retranscriptions des écoutes téléphoniques qu'on a compris dès mars 2022 que Mbappé prolongerait au PSG et que Luis Campos débarquerait au club. Et ce sont ces écoutes qui permettent de comprendre le rôle joué par « Tata », le surnom que lui donnent les protagonistes de cette sordide affaire. En phase avec l'opinion publique à l'époque, Fayza Lamari est persuadée que Diallo a été accusée à tort. Elle rencontre donc la Grenobloise à trois reprises sur les conseils de Bilel Ghazi, employé comme homme à tout faire de la famille Mbappé. L'ancien journaliste de *L'Équipe*, lui-même originaire de la capitale des Alpes, souffle notamment l'idée de produire un documentaire sur la sombre affaire pour laquelle Aminata Diallo vient d'être placée en garde à vue. Sur Twitter, il n'hésite pas à mettre en avant ses liens avec la joueuse du Paris Saint-Germain : « C'est la famille. Elle est de mon quartier et la meilleure amie de mon cousin. » Diallo et Ghazi entretiennent des contacts réguliers, y compris lors de l'enquête sur le lynchage de Kheira Hamraoui. Les policiers interceptent plusieurs conversations durant lesquelles les deux alliés évoquent donc une certaine « Tata », dont l'avis semble très important à leurs yeux. Recommandée par son ami isérois, la joueuse est même mise dans la confidence dès la signature de la prolongation de Kylian, bien avant son officialisation. En fin de contrat au PSG, Diallo demande un coup de pouce à sa nouvelle alliée de poids pour rester au club. Elle lui indique entre autres que l'entraîneur, Didier Ollé-Nicolle, constitue un obstacle majeur. Fayza Lamari lui assure alors qu'elle va prolonger son bail au PSG, avec ou sans le futur ex-entraîneur de la section féminine. Elle lâchera même cette phrase lourde de sens : « Au PSG, maintenant, je fais ce que je veux ! »

Cependant, dès que Fayza Lamari sera informée que l'affaire allait prendre une autre tournure et que Diallo était finalement impliquée, elle coupera immédiatement la relation avec la joueuse et ses proches. Il ne reste qu'une photo où apparaissent Kylian Mbappé, Aminata Diallo et l'entremetteur Bilel Ghazi, prise lors de la soirée de lancement à Paris de la BD *Je m'appelle Kylian*. Aucune complaisance envers Aminata Diallo ne doit pouvoir être reprochée au « clan Mbappé » !

La soif de pouvoir ne conduit pas à l'illégalité mais parfois à des excès, comme lorsque Kylian Mbappé, dans le cadre de sa promotion, effectue une visite à la fois surprise et polémique à Bondy, sa ville d'origine. Un an et demi après les municipales, la commune fait l'objet d'un contentieux électoral devant la justice administrative. Avant la décision du conseil d'État et un éventuel nouveau scrutin, la bataille fait rage entre l'ancienne équipe socialiste et la droite, qui a dominé les suffrages. C'est dans ce contexte local explosif que la star internationale fait son apparition en ce mercredi d'automne dans le stade de l'AS Bondy, son premier club. Le nouveau maire LR de la ville, Stéphen Hervé, n'est pas dans les environs ce jour-là puisqu'il siège au conseil régional. Une information connue de tous qui ne doit rien au hasard, selon lui. Les forces de l'ordre ne sont même pas au courant de l'événement. Kylian débarque avec une équipe de sécurité 100 % privée et… Sylvine Thomassin, ancienne maire socialiste en attente de revanche et amie personnelle de Fayza Lamari, également présente. L'information parvient rapidement à Azzedine Drif, maire adjoint aux sports de la nouvelle municipalité de droite, qui décide de se rendre sur place pour saluer Kylian Mbappé. Mais à son arrivée au stade Léo Lagrange, l'élu se voit refuser l'entrée dans l'équipement public. Fayza Lamari justifie cette décision en arguant du fait qu'il ne s'agit pas d'un événement politique alors que l'ex-champion de judo aperçoit derrière elle… l'ancienne maire de la ville. Selon Stephen Hervé, les véritables intentions de la mère de Kylian Mbappé ne font aucun doute : « Elle a voulu rendre service à Sylvine Thomassin. Fayza Lamari est libre d'avoir cette relation d'amitié avec l'ancienne maire mais elle ne peut pas nier cette instrumentalisation politique. Elle a organisé cet événement lors de mon absence car elle aurait difficilement pu m'interdire l'accès au stade... Kylian est un enfant de Bondy et je sais qu'il s'est retrouvé prisonnier de tout ça. Je suis surtout déçu car une trentaine d'enfants seulement ont pu profiter de la présence de notre champion ce jour-là. Beaucoup de gamins de la ville ont été tristes de ne pas avoir pu le rencontrer. »

Quatre jours après cet événement controversé, les élections sont définitivement annulées mais Stephen Hervé conservera son siège de maire à l'issue du nouveau scrutin organisé en janvier 2022, malgré l'appui du clan Mbappé à la socialiste Sylvine Thomassin. Pour se dédouaner de toute intention politique, Fayza Lamari assure pour sa part que la venue de son fils à Bondy a été improvisée au dernier moment. Une explication difficilement recevable à en juger par le superbe gâteau à trois étages commandé plusieurs jours avant dans une boulangerie bondynoise. Un chef-d'œuvre pâtissier floqué aux initiales de la star devant lequel Kylian a posé fièrement avant la diffusion des photos sur les réseaux sociaux. Vanté pour sa communication maîtrisée, le clan de la star du PSG doit encore parfaire son influence au niveau politique...

Depuis quelques années déjà, l'international français est devenu une telle star qu'il lui est impossible de débarquer à l'improviste dans un lieu public sans risquer de déclencher une émeute. Lors de l'été 2022, à l'occasion de son interview accordée au *New York Times*, les Américains, pourtant rompus à la démesure du sport business, semblent même choqués par l'ampleur du phénomène Mbappé. Dans les lignes qui précèdent l'entrevue, les journalistes du célèbre quotidien décrivent les conditions exceptionnelles de son arrivée dans leurs locaux. Des précautions sécuritaires et une équipe d'accompagnants dignes d'un locataire de la Maison Blanche. Le portrait dressé par le journal laisse l'impression d'une prison dorée entourant un garçon devenu roi du football avant même d'être majeur… L'entrevue se termine par une forme de confession de la star, qui avoue envier les autres jeunes de son âge lorsqu'il les regarde faire des choses simples comme se promener dans la rue en mangeant une glace. Avant de prendre congé des journalistes, Kylian souhaite découvre Times Square à pied mais doit renoncer. Même pour se rendre à son prochain rendez-vous dans les locaux de Nike situés à quelques centaines de mètres, le footballeur est contraint de monter à nouveau dans un énorme SUV aux vitres teintées…

9

« Ne cherchez pas, c'est une décision politique.
Nous n'avons pas le choix ! »

Noël Le Graët, lors du comité exécutif du 28 juillet 2014
qui autorise la montée du RC Lens en Ligue 1

À l'instar de Tartuffe ou Chauvin, Noël Le Graët donnera peut-être un jour son patronyme à un nom commun. Un mot qu'on retrouvera dans le dictionnaire pour désigner une personnalité tellement hors sol qu'elle peut étaler publiquement son mépris des règles de bienséance, ses mensonges et sa déconnexion du réel, tout en étant persuadée de l'assise définitive de son pouvoir. Un homme qui pense s'en sortir sans encombre malgré une série de sorties médiatiques et d'actions toutes plus catastrophiques les unes que les autres : piétiner la légende Zidane lors d'une interview à une heure de grande écoute, prétendre ne pas savoir écrire de SMS pour réfuter des accusations de messages à caractère sexuel ou tapoter la joue du sportif le mieux payé du monde lorsque celui-ci exige de revoir une convention sur les droits à l'image complètement dépassée.

Même lors du déclenchement de l'audit qui se révèlera accablant à son encontre, Noël Le Graët répète qu'il est « serein » et ne manque pas une occasion de rabaisser sa ministre de tutelle, Amélie Oudéa-Castéra, qui se dit « patiente » face à l'octogénaire. Et pour cause, après des années de soutien, le chef de l'État a décidé de lâcher le patron de la FFF, qui régnait sur la première fédération de France (2 millions de licenciés et plus de 300 salariés) comme un monarque autoritaire sur une république bananière. De Sarkozy à Macron en passant par Hollande, qui a été un fidèle soutien, tous les locataires de l'Élysée ont eu un accès privilégié à la FFF, et inversement, reléguant les ministres des Sports qui se sont succédé à un rang subalterne. Les éléphants du Parti socialiste ont longtemps apprécié l'homme de province, autodidacte issu d'un milieu modeste qui a mené le club d'une ville de 8000 habitants jusqu'à la Coupe d'Europe. Le Parti socialiste, c'est le socle de Le Graët. La base de son pouvoir, de ses réseaux. Le PS et la Bretagne. Être breton est une qualité qui passe avant toutes les autres à ses yeux. Une petite ville de province a un souci d'organisation d'un match de Coupe de France ? Si c'est une ville PS, le dossier est vite réglé. Sinon, c'est la corbeille, sans un regard.

En plus de 30 années au sommet du football français (LFP puis FFF), le pouvoir politique a fait la sourde oreille à propos de quasiment toutes les affaires de violences morales et sexuelles dénoncées par plusieurs médias dont *Le Monde*, Mediapart, RMC et même le *New York Times*. L'enquête diligentée par le ministère des Sports à la suite du dossier publié en septembre 2022 par *So Foot* (qui ne comportait en réalité rien de nouveau hormis les trois SMS de Noël Le Graët) a permis aux inspecteurs de découvrir, malgré certaines défections[22],

22 Sollicités par le ministère des Sports, le magazine *So Foot* et le YouTubeur Romain Molina ont refusé d'apporter leur aide aux enquêteurs.

que les dysfonctionnements allaient bien plus loin que le sordide droit de cuissage pratiqué au sein de l'institution. L'ampleur des témoignages dresse le portrait d'une fédération gangrenée par les scandales financiers et les luttes de pouvoir dévastatrices. Une atmosphère quelque part entre *House of Cards* et *Games of Thrones*, mais avec une galerie de personnages plus proches du film *Les Tuche* et des oppositions qui relèvent davantage d'une bagarre de bistro entre clients éméchés que de combats chevaleresques.

Les témoins des abus au sein de la FFF s'accordent à dire que Noël Le Graët n'est que l'incarnation d'un système à la dérive. L'ancien maire PS de Guingamp (de 1995 à 2008) a néanmoins largement contribué à mettre en place une organisation rarement inquiétée depuis des décennies. À en croire d'anciens cadres qui ont travaillé à ses côtés, l'homme a construit un impressionnant réseau tentaculaire qui s'étend des juridictions administratives aux grandes rédactions parisiennes en passant par les ministères. L'un de ses alliés les plus précieux durant son règne : Jean-Yves Le Drian, membre comme lui de la « Breton Connection », avec qui il partage une longue et solide amitié. Poids lourd du gouvernement sous François Hollande et recrue de choix du macronisme, l'ancien patron du quai d'Orsay lui a largement fait bénéficier de ses nombreuses relations au cœur de la Cinquième République.

Car derrière le vieux papy à l'allure dépenaillée qui donnait de la France une image lamentable lors de la finale du dernier Mondial se cache un redoutable animal politique doublé d'un chef de clan capable de se comporter de manière cruelle. En tête à tête comme en réunion collective, l'échange soutenu n'existe pas avec lui. Noël Le Graët impose, quitte à humilier ses collaborateurs. Les salariés travaillant au troisième étage, où se trouvait son bureau, redoutaient ses nombreuses colères, accentuées notamment par son addiction. « Le matin, il a quelques grammes d'alcool dans le sang et l'après-midi, il n'a plus que quelques grammes de sang dans l'alcool… » répétaient régulièrement certains anciens employés. Brigitte Henriques, ancienne vice-présidente déléguée (aujourd'hui présidente du CNOSF[23]), en a fait les frais un jour pour lui avoir fait une simple suggestion. Alertés par les hurlements et les insultes du président, tout le monde a fini par sortir dans le couloir pour découvrir une femme en larmes, complètement abattue. La sœur du député macroniste Karl Olive est pourtant un pur produit de la « formation Le Graët », qui lui a fait quitter son métier de professeure d'EPS pour la faire venir à la FFF et superviser son ascension. Une méthode qui constitue l'une des bases de la stratégie du dirigeant breton : repérer, accompagner et confier un poste précis à une personne, qui lui sera redevable par la suite. Des alliés inconditionnels parmi lesquels Jean Lapeyre, directeur général adjoint, occupe un rôle de bras droit particulièrement violent et redouté. Un homme dont le comportement serait à l'origine de nombreuses démissions de femmes, capable de traiter de « gros sac » une salariée ou de vociférer « retourne dans ton cocotier » à une collaboratrice métisse. Mais Lapeyre possède un atout essentiel au sein de la FFF et aux yeux de Le Graët : il sait se faire apprécier des « anciens » de l'assemblée fédérale, qui élisent le président et valident les décisions majeures de l'institution. Une assemblée au sein de laquelle la délégation du football amateur représente 63 % des voix attribuées. Voilà pourquoi l'énorme contrat conclu avec Nike comprend des dotations colossales

23 Comité national olympique et sportif français.

(estimées à plusieurs millions d'euros) à destination des clubs non professionnels, qui n'ont jamais oublié de lui signifier leur gratitude… Mais Noël Le Graët peut aussi parfois se montrer autrement persuasif quand la livraison d'équipements s'avère insuffisante. Par le biais d'Erwan Le Prévost, directeur des relations institutionnelles, la FFF disposait de tables réservées à l'année aux… Chandelles, célèbre club libertin de la capitale.

L'ancien président de l'En Avant Guingamp sait aussi soigner ses intérêts quand il s'agit de parler business avec les marques qui désirent sponsoriser l'équipe de France. Jusqu'à la Coupe du Monde 2018, Carrefour est partenaire de la FFF avec un contrat qui oscillerait entre 10 et 12 millions d'euros. Détail intéressant : le groupe français distribue à ce moment-là les produits surgelés Celtigel, le « paquebot » du groupe Le Graët. Les deux parties cessent leur collaboration après la victoire des Bleus en Russie. Après un appel d'offres, la FFF conclut un deal qui serait nettement moins avantageux avec Intermarché : entre 6 et 7 millions d'euros. Un nouveau contrat qui coïncide avec l'arrivée des produits… Celtigel, jusque-là introuvables dans les rayons des supermarchés de l'enseigne.

Un grand nombre d'affaires conclues à la FFF mènent souvent à la même destination : la Bretagne, terre sainte de Noël Le Graët. C'est le cas, entre autres, pour toutes les pelouses du Centre national du football de Clairefontaine. Un marché qui revient toujours à la même entreprise, Sparfel, qui se trouve être aussi l'un des administrateurs de… l'En Avant Guingamp. Une confiance aveugle de la FFF qui permet à cette société de réaliser une grosse partie de son chiffre d'affaires grâce aux prestations fournies à Clairefontaine. Après avoir répondu en vain aux appels d'offres durant des années, plusieurs acteurs majeurs du secteur ont abandonné tout espoir de collaborer avec la fédération en raison d'une situation jugée préférentielle. Une mise en concurrence biaisée qui serait également la norme pour d'autres marchés tels que la sécurité du site, la fourniture des repas ou encore la rénovation des salles d'intérieur et des bâtiments. La pertinence même de certains travaux est d'ailleurs remise en cause en raison de leur caractère superflu. Le château, lieu de résidence des Bleus, fait ainsi chaque année l'objet d'une réfection pour un montant allant de 1 à 1,5 million d'euros. Une demande qui émanerait des joueurs de l'équipe de France selon Éric Latronico, directeur de Clairefontaine. Une justification démentie par plusieurs anciens responsables de la FFF qui soupçonnent, là encore, l'existence d'un conflit d'intérêts.

Pour anticiper toute forme d'opposition sous son règne, Noël Le Graët a appliqué à la lettre l'adage favori de Don Corleone : « Garde tes amis proches, et tes ennemis encore plus proches. » Lors de son élection pour un quatrième mandat en 2021, il parvient ainsi à obtenir le ralliement de Jamel Sandjak, son plus coriace adversaire depuis une dizaine d'années au sein de la FFF. Perçu depuis comme un opportuniste aux convictions aléatoires, le président de la Ligue Paris-Île-de-France se vante en privé d'avoir opté pour une stratégie d'entrisme afin de faire exploser le système de l'intérieur. Parce qu'il connaît bien le système fédéral et la façon d'arriver au pouvoir, Sandjak a opté pour une tactique hasardeuse. Car tout le monde a toujours su ce qu'il pensait et disait de Le Graët. Des mots durs, violents. Une fois à l'intérieur, ne cachant pas sa volonté farouche d'accéder au pouvoir, il croit vraiment que les gens voteront pour lui ? Il analyse l'explosion de la FFF comme le moment de se lancer. En février 2023, peu avant la publication de l'audit dont il n'ignorait rien, lors de notre dernière entrevue avec lui, il a lâché sans ambigüité : « C'est ma seule carte, ma seule chance, je dois la jouer à fond. » Le 23 février, il a démissionné du comité exécutif. La tactique est claire. Partir le premier pour envoyer le message que la situation est devenue intenable. Veut-il passer pour un héros ? Une sorte de chevalier blanc ? L'effet escompté n'a pas eu d'écho. Sandjak est parti mais il a troqué son cheval blanc contre un poney. Il va maintenant préparer sa liste et aller au combat. Dans le milieu, tout le monde dit qu'il n'a aucune chance.

Avant Sandjak, Le Graët avait déjà placé auprès de lui ses autres « meilleurs ennemis ». Une façon de les surveiller de près : Jean-Michel Aulas, Philippe Diallo (ancien directeur général de l'UCPF[24]) et le président de la Ligue Méditerranée Éric Borghini, entre autres… Les élections fédérales répondant à un scrutin de liste majoritaire à deux tours, leur présence au sein de cette équipe équivaut à baiser la main du parrain. Un acte d'allégeance qui garantit à chacun d'entre eux un siège autour de la table du comité exécutif, le « gouvernement » de la FFF. Un comité absolument fantoche qui a valeur de chambre d'enregistrement, y compris pour entériner des décisions douteuses. Cela s'est notamment vérifié lors du contentieux entre le FC Sochaux et le RC Lens, en 2014. Au terme de la saison, le club nordiste, vice-champion de Ligue 2, doit retrouver sa place au sein de l'élite mais se voit refoulé par la DNCG[25], le gendarme financier du football français, en raison de garanties insuffisantes concernant son budget. Le club doubiste,

24 Union des clubs professionnels de football.
25 Direction nationale du contrôle de gestion.

arrivé 18e de Ligue 1, s'apprête logiquement à être repêché mais le CNOSF, saisi par le président lensois en vue d'une conciliation, se déclare favorable au retour du RC Lens en Ligue 1. L'avis consultatif de l'institution est définitivement validé par le comité exécutif de la FFF le 28 juillet 2014. Une réunion au cours de laquelle Noël Le Graët affirme : « Ne cherchez pas, c'est une décision politique. Nous n'avons pas le choix ! » La procédure ayant abouti à cette remontée est pourtant entachée de plusieurs irrégularités dont un virement Swift frauduleux qui ne produira jamais d'effets, et provenant qui plus est de la Bank of Azerbaïdjan, détenue par la famille d'Hafid Mammadov, actionnaire principal du… RC Lens. Nicolas Bays, alors député socialiste de la 12e circonscription du Pas-de-Calais, avait d'ailleurs annoncé publiquement la décision positive du comité exécutif avant même que celui-ci n'ait lieu. Un élu qui n'hésitait pas à se vanter d'avoir sollicité le président Hollande lui-même afin qu'il intervienne en faveur de Lens, lequel lui avait répondu par texto : « Je m'en occupe en ce moment même. » Les avocats du FC Sochaux parviendront à faire annuler la décision à trois reprises (Tribunal administratif de Besançon, Cour d'appel de Nancy par deux fois) avant que le Conseil d'État, plus haute juridiction administrative du pays, ne se range définitivement du côté de la FFF. Une histoire rocambolesque qui continue aujourd'hui de susciter plusieurs hypothèses. Certains membres de la FFF affirment que Noël Le Graët avait un compte personnel à régler avec Sochaux. D'autres avancent que le « menhir » aurait rendu service à son camarade socialiste François Hollande afin de ne pas fâcher l'Azerbaïdjan, ancienne république soviétique riche en hydrocarbures dont le président, Ilham Iliev, est un ami personnel d'Hafid Mammadov. La SOCAR, compagnie nationale pétrolière et gazière d'Azerbaïdjan, était l'un des sept sponsors officiels de l'Euro 2016 organisé en France… Victime collatérale de ces petits arrangements entre amis, le président de la DNCG, Richard Olivier, a été évincé alors qu'il voulait enquêter sur l'origine des fonds et des circuits financiers.

Autre opération louche au crédit du comité exécutif de la FFF : la validation a posteriori d'un obscur plan de licenciement concocté dans des conditions douteuses. En mai 2021, la directrice générale Florence Hardouin, l'autre dirigeante particulièrement ciblée par l'audit du ministère des Sports, lance un plan dit de sauvegarde de l'emploi (PSE) qui comprend la suppression de 18 postes. Celui-ci fait l'objet d'un accord collectif majoritaire le 13 juillet, signé par la numéro 2 de la FFF et présenté le jour même en l'état aux membres du comité exécutif, placés devant le fait accompli. Trois élus trouveront le courage de renoncer à cette aberration : Jamel Sandjak et Hélène Schrub (directrice générale du FC Metz) votent contre, Laura Georges (secrétaire générale de la FFF) s'abstient. Parmi les salariés licenciés, neuf saisissent la justice en se fondant sur le fait que la directrice générale n'était pas habilitée à signer seule le PSE, sans la validation du comité exécutif de la FFF et de l'assemblée fédérale. Les plaignants remportent leur combat en première instance mais la Cour d'appel du Tribunal administratif de Paris valide finalement en mai 2022 le plan de la FFF, décidément toujours victorieuse face aux juges dans les arrêts de jeu …

Officiellement, ce controversé PSE voulu, supervisé et signé par Florence Hardouin était inévitable en raison des conséquences économiques de la crise du Covid-19. Les salariés poussés vers la sortie affirment que la fédération gagnait pourtant de l'argent. Lors du rapport financier présenté en décembre 2021, Philippe Diallo, alors trésorier général, évoque un déficit de seulement 200 000 euros et oublie de mentionner la somme provisionnée dans le cadre du PSE : 3,2 millions d'euros ! Un joli tour de passe-passe qui permet d'éviter un bilan excédentaire. Cerise sur le gâteau, le maigre déficit affiché annule le paiement des primes d'intéressement. L'épidémie de Covid-19 a toujours bon dos… Car ce plan de licenciement avait tout l'air d'une purge de personnes jugées indésirables par Florence Hardouin. Une opération réalisée au nez et à la barbe d'un Noël Le Graët étonnamment passif. Arrivée à la fédération en 2008, l'ancienne salariée de SFR a rapidement gravi les échelons pour occuper le poste le plus important de l'institution après celui du patron. Mais alors que le « menhir » pensait pouvoir contrôler aisément sa subordonnée, l'ambitieuse escrimeuse a fini par dépasser le maître pour lui porter l'estocade. Lors de l'été 2022, Florence Hardouin anticipe l'implosion de la fédération et tente un dernier coup de poker pour sauver sa place. Elle fournit les fameux SMS compromettants de Le Graët au magazine *So Foot* et conclut un deal avec Philippe Diallo, sur lequel elle exerce une large influence. Le plan est simple : après la mise à l'écart du numéro 1, il deviendra président de la FFF par intérim en vue de briguer le siège de patron pour de bon lors des prochaines élections. En échange, la directrice générale est maintenue à son poste avec la perspective d'un champ d'action élargi. Un plan qui ne verra jamais le jour en raison des conclusions accablantes de l'audit en ce qui concerne les agissements de Florence Hardouin. Cette dernière avait pourtant mis en place une organisation machiavélique afin d'étendre son emprise sur la FFF. La création d'une puissante direction des systèmes informatiques lui a permis un accès aux mails et aux fichiers d'appels téléphoniques des salariés qui éveillaient ses soupçons. Un contrôle des troupes renforcé par les rapports réguliers de plusieurs collaborateurs dont François Vasseur, directeur marketing, missionné afin de déjeuner avec le maximum de personnes susceptibles de lui fournir des informations.

Malgré les nombreuses suspicions d'abus liées à ses faramineuses notes de frais, Florence Hardouin continuait de profiter des largesses de la FFF en raison de ses liens avec Marc Varin, le directeur financier. À l'origine d'une condamnation de la fédération pour harcèlement sexuel, l'homme possède un point commun avec Jean Lapeyre, le bras droit de Noël Le Graët, avec qui il a pourtant failli en venir aux mains : son comportement a poussé de nombreuses femmes à démissionner de son service. Alors qu'elle s'était contentée de lui adresser un simple rappel à l'ordre après la décision des prud'hommes de Paris, Florence Hardouin a continué de couvrir ses agissements. Une stratégie qui lui permettait d'obtenir une signature à coup sûr au bas de chaque document soumis à Marc Varin.

Dans la sphère médiatique, la directrice générale ne possède pas le même réseau que Le Graët mais a tout de même réussi à nouer quelques alliances. Parmi ses plus fidèles soutiens : Nathalie Iannetta, épinglée par *Le Monde* à propos de factures liées à des prestations pour le compte de la FFF dont nul ne retrouve la trace. Au plus fort de la tempête médiatique qui s'abat sur Florence Hardouin, la patronne du service des sports de Radio France décroche son téléphone pour inciter certains salariés de la fédération à prendre publiquement la parole pour défendre son amie, qui ne serait rien d'autre, selon elle, qu'une victime de Noël Le Graët. L'ex-animatrice de Canal Plus ose même prendre contact avec l'une des personnes éjectées à l'occasion du fameux PSE. En couple avec une autre femme qui travaillait également à la fédération (elle aussi incluse dans le plan de licenciement), cette ancienne cadre avait subi de plein fouet plusieurs remarques homophobes de Florence Hardouin. Cette dernière leur avait notamment demandé de cacher leur relation et de quitter l'institution dans le cas où celle-ci serait connue des autres salariés. Malgré les souffrances subies, Nathalie Iannetta, toujours prompte à défendre les droits des femmes et de la communauté LGBT, lui demandera de prendre le parti de son alliée au sein de la FFF.

Inquiète de la proximité entre Noël Le Graët et Didier Deschamps, Florence Hardouin a régulièrement tenté de se rapprocher du staff de l'équipe de France. Parfois même d'un peu trop près, comme en témoignent certaines vidéos échangées entre les joueurs et leur entourage. Des extraits dans lesquels on aperçoit une directrice générale se déhancher dans les vestiaires au rythme d'une chanson paillarde l'incitant à montrer ses parties intimes. Une séquence qui peut apparaître amusante à première vue mais qui a contribué à discréditer définitivement la principale intéressée aux yeux des Bleus. De Florence Hardouin, certains anciens salariés de la FFF disent : « À la fédé, Noël Le Graët a créé des monstres et le premier d'entre eux, c'est elle ! »

À la fois diabolique et ridicule, elle est au cœur de plusieurs anecdotes savoureuses. Au moment de préparer le PSE, ce plan de départ qui devait lui servir à nettoyer la fédé des indésirables à ses yeux, la directrice générale veut également faire le ménage parmi le « petit » personnel. Les gens qui posent trop de questions l'ennuient et la dérangent. Cette employée qui viendra lui dire que l'hôtel a téléphoné pour signaler qu'une écharpe Louis Vuitton Neo Denim lui appartenant avait été oubliée dans la chambre de Didier Deschamps a forcément été poussée dehors. Une autre était sur la liste des départs, mais enceinte, elle devenait intouchable. Hardouin s'est accommodée de la situation. Malheureusement pour elle, cette employée a perdu les jumeaux qu'elle portait. La directrice générale l'a immédiatement replacée sur la liste des départs. On a parlé de sa petite danse pas très heureuse dans le vestiaire après une victoire en Coupe du Monde, mais sa chute dans le lac de l'hôtel où résidaient les Bleus a frisé le grotesque. Pas très fraîche, ayant trop bu selon les personnes présentes, elle a bêtement chuté. Elle aura probablement trouvé du soutien auprès de l'intendant Bachir Nehar, dont elle était proche et en compagnie duquel, dit-on, elle aimait débriefer les matches des Bleus.

Si la plupart des excès à la FFF datent d'après 2018, le titre mondial ayant visiblement fait perdre la tête à tout le monde, on trouve trace d'épisodes curieux bien avant. En 2016, une certaine confusion règne ainsi au sein de l'équipe de France. Le comportement de plusieurs membres du staff, en particulier, intrigue. Lors de l'Euro organisé en France cette année-là, des collectionneurs de maillots s'aperçoivent que certaines pièces floquées du nom des meilleurs joueurs français se retrouvent en vente sur internet dès le lendemain du match, à des prix exorbitants. Après une série de vérifications, il s'avère que les maillots sont authentiques et qu'ils sont fournis par des salariés de la FFF au plus proche des internationaux. Un membre du staff est remercié avant la fin de la compétition. Le fils de Didier Deschamps, Dylan, soupçonné de se livrer à ce commerce par le biais d'un ami et à l'insu de son père, est définitivement interdit de vestiaire.

Étranger à ces abus, le sélectionneur fait en revanche preuve d'une tolérance suspecte à propos des agissements de Bachir Nehar, l'intendant des Bleus. Souvent présenté comme l'un de ses meilleurs amis, l'homme est apprécié de nombreux internationaux, qui font appel à lui lors de leurs parties de poker afin de servir de croupier. Décrit comme un joyeux luron, Nehar embarque volontiers quelques collègues de Clairefontaine dès qu'il en a l'occasion, et l'accord de Didier Deschamps, pour profiter de la vie nocturne parisienne. Des sorties toujours effectuées avec le survêtement officiel de la FFF pour un effet garanti… Un bon vivant qui ne profite pas seulement de son statut en équipe de France pour frimer en soirée puisqu'il est également salarié de l'agence VV Consulting, dirigée par Vadim Vasilyev, ancien vice-président de l'AS Monaco, où Nehar a travaillé de 2004 à 2020. Une double casquette qui n'a jamais été un problème pour Florence Hardouin et Noël Le Graët. La première apprécie ses compétences, le second n'ose pas s'opposer à Didier Deschamps. La sélection de Jordan Veretout lors du Mondial au Qatar a particulièrement mis en exergue cette situation problématique : le joueur de l'OM, sous contrat avec VV Consulting, était loin de faire l'unanimité à l'époque. Sa présence dans la liste des 23 avait été fortement pressentie, et ce longtemps à l'avance, par certains acteurs-clés du milieu, en raison de ses liens avec Bachir Nehar. Un conflit d'intérêts qui n'est pas une première en équipe de France sous l'ère Deschamps. Peu avant la Coupe du Monde 2018, Florian Thauvin avait été « chipé » à ses agents historiques par Jean-Pierre Bernès, qui lui promettait une présence garantie en Russie. Promesse tenue par le poids lourd du milieu des agents, qui gère également depuis des années les intérêts d'un certain… Didier Deschamps.

10

« J'ai vu la peur dans leurs yeux... Une peur qui renvoyait aux drames du Heysel et d'Hillsborough... »

Karim Bouamrane, maire de Saint-Ouen
et président du conseil de surveillance de la Société
du Grand Paris

« C'est la faute aux Anglais ! » Au lendemain du fiasco retentissant de la finale de la Ligue des Champions 2022 à Saint-Denis, cette petite phrase ironique devient rapidement virale. Réseaux sociaux, journalistes, élus de l'opposition, milieu du football : la majorité des observateurs moquent les premières prises de parole de Gérald Darmanin pour expliquer ce raté sécuritaire inédit. Aucun mort ni blessé grave n'est à déplorer mais le chaos qui a régné ce soir-là sur le site constitue une première en France. Un naufrage qui a eu lieu devant les téléspectateurs du monde entier, à respectivement un et deux ans de la Coupe du Monde de rugby et des Jeux Olympiques de Paris.

Il faut dire que le ministre de l'Intérieur y est allé fort pour charger nos voisins d'outre-Manche. Tout proche de convoquer Jeanne d'Arc et Napoléon Bonaparte, l'ancien sarkozyste cible d'emblée les supporters du Liverpool FC, qui affrontait ce 28 mai le Real Madrid dans ce qui constituait le plus grand événement de football de 2022 derrière la finale de la Coupe du Monde. Le ministre insiste sur l'existence d'une fraude industrielle aux faux billets en évoquant une proportion de 70 % (un pourcentage qui sera remis en cause par plusieurs sources et enquêtes, mais aussi par le rapport gouvernemental piloté par Michel Cadot[26]). Une fraude dont les clubs anglais seraient selon lui coutumiers à l'échelle européenne. Gérald Darmanin ne s'attarde pas sur la défaillance des forces de l'ordre, en sous-effectif et livrées à elles-mêmes. Il évite également d'expliquer pourquoi il n'a pas su anticiper et stopper les bandes de délinquants qui ont semé la terreur autour du Stade de France. Les raisons qui expliquent le chaos qui s'est emparé de la plus grande enceinte sportive du pays méritaient pourtant autre chose que ces déclarations victimaires.

Entre l'officialisation du choix du site et le jour du match, les organisateurs d'une finale de Ligue des Champions disposent généralement d'un délai de dix-huit mois pour préparer une telle rencontre. Le 25 février, au lendemain de l'invasion de l'Ukraine par l'armée russe, l'UEFA décide de retirer l'organisation de l'événement à Saint-Pétersbourg. Après un travail efficace de lobbying du président Macron, qui entretient d'excellentes relations avec les patrons de l'UEFA et de la FIFA, la ville de Saint-Denis hérite du beau bébé. Les instances concernées ont alors moins de trois mois devant elles pour organiser le plus prestigieux match européen de l'année. Un laps de temps qui coïncide avec une période de flottement au sommet de l'État français puisqu'il se confond avec l'élection présidentielle. Chaque décision cruciale en rapport avec

26 Ancien préfet de Paris et actuel délégué interministériel aux grands événements sportifs.

la rencontre devient une longue épreuve de force durant laquelle les responsables politiques se renvoient la balle. Après avoir expédié les affaires courantes, l'équipe ministérielle de Jean Castex laisse place au nouveau gouvernement d'Élisabeth Borne, qui entre officiellement en fonction quelques jours avant la finale. Indispensable pour un tel événement, la simple autorisation de faire décoller les jets privés après minuit de l'aéroport du Bourget (ce qui est interdit le reste de l'année) sera obtenue peu avant le 28 mai, seulement après le feu vert donné par… l'Élysée.

Le jour J, tous les Parisiens constatent que l'appel[27] de Jürgen Klopp, l'entraîneur du Liverpool FC, n'a pas été pris à la légère par les fans des Reds. Des dizaines de milliers d'Anglais déferlent dans la capitale française, souvent en famille et dans un état d'esprit positif. À mille lieues des hordes de hooligans qui ont semé la terreur à travers le continent jusqu'aux années 80. Près de 70 000 supporters vêtus de rouge investissent la fan zone qui leur est dédiée sur le cours de Vincennes. 22 000 d'entre eux sont en possession de tickets issus de la billetterie officielle. Les autres sont venus pour vivre le match au plus près de l'événement. Et plus si opportunités… Initialement interdits par l'UEFA afin d'éviter les fraudes, les billets imprimés sont finalement autorisés. Une situation qui a permis la création d'une fausse billetterie identifiée et signalée par la Division nationale de lutte contre le hooliganisme (DNLH) dans une note en date du 25 mai, soit trois jours avant la finale. Selon la FFF, 1644 des 2471 faux billets scannés aux tourniquets d'entrée du stade de France l'ont été

---

27 À contre-courant des directives officielles de son club, Jürgen Klopp avait encouragé les supporters à se rendre à Paris même s'ils ne possédaient pas de places pour la finale.

dans le secteur sud (tribunes X, Y et Z) dédié aux supporters de Liverpool.

Dans ce contexte explosif, plusieurs organisations syndicales de la RATP décident de lancer un appel à faire grève le jour de la rencontre pour dénoncer… le sous-effectif chez les conducteurs. Une attitude qui relève à ce stade du sabotage et qui a contribué de manière significative à semer le chaos. À la gare du Nord, les voyageurs qui souhaitent se rendre au Stade de France sont invités à privilégier le RER D (entièrement exploité par la SNCF) au RER B, dont le fonctionnement est perturbé en raison de la grève de la RATP. Les Anglais, disciplinés, appliquent à la lettre ces consignes. Les forces de l'ordre postées à la sortie des stations d'arrivée constatent alors un inquiétant déséquilibre : quelques centaines de voyageurs seulement ont pris le RER B tandis que… plusieurs dizaines de milliers ont emprunté le RER D. Une situation qui correspond à l'exact contraire de la répartition habituelle. Aucune décision dans la chaîne de commandement n'a été prise pour anticiper ce déséquilibre. Une foule gigantesque s'accumule dans le tunnel à la sortie de la gare du RER D. Pour éviter une bousculade potentiellement meurtrière, le dispositif de préfiltrage initialement prévu pour contrôler les billets est levé. Spectateurs munis de places, de fausses places ou sans place : n'importe qui peut désormais se rendre aux abords du Stade de France…

En presque 25 ans d'existence, le site de Saint-Denis a déjà accueilli de nombreux événements majeurs : deux finales de Ligue des Champions (2000 et 2006), la Coupe du Monde 1998 et l'Euro 2016 de football, des concerts à 100 000 spectateurs. Le tout avec une organisation impeccable et aucun incident sérieux si l'on excepte bien sûr les attaques terroristes du 13 novembre 2015. Mais ce 28 mai, toutes les personnes qui ont l'habitude de fréquenter le lieu constatent rapidement quelque chose d'anormal. À commencer par les responsables politiques locaux. Ce jour-là, Stéphane Troussel, président du conseil départemental de la Seine-Saint-Denis, et Karim Bouamrane, maire de Saint-Ouen, se trouvent dans les immenses tentes aménagées par l'UEFA près du stade pour accueillir les différentes délégations officielles. Les deux hommes attendent notamment Amélie Oudéa-Castéra, fraîchement nommée ministre des Sports, mais cette dernière peine à rejoindre le lieu en raison de la densité humaine exceptionnelle. Venues des quatre coins du monde, les personnalités présentes dans ces espaces VIP observent avec inquiétude la pression de la foule sur les barrières qui jouxtent l'endroit où elles patientent en attendant le coup d'envoi. Une première alerte sérieuse qui va en précéder d'autres. Stéphane Troussel et Karim Bouamrane s'extirpent péniblement du lieu pour gagner la tribune officielle mais ne parviennent pas à avancer. « C'était du jamais-vu. Tout ce monde… On a été obligés de faire demi-tour pour tenter d'arriver jusqu'à notre porte mais c'était également bouché dans ce sens. C'est là qu'on a vu débarquer une cohorte de CRS qui a réussi à faire de la place pour permettre aux personnes de circuler », raconte le président du conseil départemental de la Seine-Saint-Denis. La préfecture de police a pris le pas sur les organisateurs de l'événement, avec une doctrine sécuritaire héritée des attentats de 2015. Quitte à ne pas différencier supporters et délinquants, les forces de l'ordre n'ont qu'une priorité : éviter tout acte terroriste dans une zone qui a déjà connu une salve d'attentats suicides lors de cette terrible nuit d'automne.

Alors qu'ils sont sur le point de pénétrer dans le stade, Stéphane Troussel et Karim Bouamrane sont interpellés par un groupe d'Anglais totalement paniqués. Le maire de Saint-Ouen, en costume et avec son accréditation autour du cou, engage le dialogue avec eux dans un anglais impeccable mais s'aperçoit rapidement qu'il y a erreur sur la personne… « En fait, ils me prenaient pour un membre de l'organisation. Ils ont commencé à m'entourer et à devenir agressifs car ils étaient effrayés… Ils étaient complètement paumés. La plupart étaient des quinquagénaires. Certains étaient venus en famille. À ce moment-là, j'ai vu la peur dans leurs yeux… Une peur qui renvoyait aux drames du Heysel et d'Hillsborough… »

Après avoir dirigé le groupe d'Anglais vers les bons interlocuteurs, les deux hommes politiques s'apprêtent à passer un premier contrôle de sécurité lorsqu'un petit groupe de personnes sous bonne escorte passe tout près d'eux pour gagner leurs places. Parmi elles : Ronaldo « Il Fenomeno » et Roberto Carlos. Les regards des curieux se concentrent sur les deux anciennes stars du Real Madrid quand Karim Bouamrane s'aperçoit qu'un jeune homme les suit de près. Il s'agit en réalité d'un resquilleur qui ne sera démasqué qu'à l'ultime filtrage avant l'entrée en tribune… Les deux élus prennent enfin place sur leur siège mais ne sont pas au bout de leurs surprises. Il est 21 heures et la désormais célèbre bande-son de la Ligue des Champions n'est pas lancée. Pire, les joueurs ne sont même pas en train de s'échauffer. Le maire de Saint-Ouen est atterré par cette organisation chaotique : « Je me suis tout de suite dit : nous allons être la risée du monde entier… Non seulement le match allait débuter avec un vrai retard mais on constatait tous la même chose en arrivant dans le stade : les tribunes étaient pleines à craquer alors qu'il y avait encore des files d'attente interminables devant plusieurs portes de l'enceinte. C'est la pire finale que j'ai vécue. On sentait que la tension était en train de monter à l'extérieur mais on ne savait pas vraiment ce qui se passait… »

À quelques mètres d'eux, un homme suit la situation de près au téléphone par le biais de ses équipes : Mathieu Hanotin, le maire de Saint-Denis. Aux commandes de la troisième ville la plus peuplée d'Île-de-France depuis 2020, il a eu à gérer une situation délicate liée au Stade de France quelques semaines auparavant. À l'occasion de la finale de la Coupe de France, 7000 supporters nantais avaient débarqué dans le centre-ville de Saint-Denis en raison de l'interdiction de la vente d'alcool aux abords du stade. Malgré quelques tensions, aucun incident majeur n'avait eu lieu ce jour-là mais l'alerte avait été sérieuse pour la FFF et la préfecture de police de Paris. « Cette fois-ci, les supporters anglais n'ont pas eu le temps d'aller en centre-ville car ils ont débarqué au dernier moment et tous en même temps. Mais très vite, j'apprends qu'on a des problèmes de faux billets. Aux portes X, Y et Z, où les supporters de Liverpool sont rassemblés, près d'un billet sur trois n'est pas bon… » affirme Mathieu Hanotin. Dans la première zone de filtrage, les stadiers de la FFF utilisent un stylo chimique pour détecter les tickets contrefaits. Le nombre devient tellement élevé que les responsables de l'UEFA se demandent si ces stylos ne sont pas défectueux. Ils en apportent d'autres mais le désastre se poursuit, avant de prendre une ampleur dangereuse. Les personnes refoulées sont de plus en plus nombreuses et la situation devient ingérable. Les agents de sécurité privée appellent du renfort, qui débarque rapidement en laissant derrière eux plusieurs points stratégiques avec une surveillance amoindrie. Certains resquilleurs profitent de l'occasion pour s'introduire dans le stade, d'autres s'en prennent à l'immense grille prévue pour évacuer les spectateurs en cas d'urgence. « Ils ont commencé à la secouer... Plusieurs groupes, bientôt rejoints par d'autres. À partir de 200 personnes, la grille peut s'effondrer en un rien de temps. Si ça arrive, c'est une marée humaine de 10 000 personnes qui entre pour créer un chaos inimaginable et il n'y a plus de match. On annule tout », précise le premier magistrat de la ville de Saint-Denis. Afin d'éviter la catastrophe, les forces de l'ordre décident de faire usage de gaz lacrymogène pour disperser les fauteurs de troubles. Une décision qui a sûrement permis d'éviter l'annulation de la finale mais qui a fait de multiples victimes collatérales, dont plusieurs familles anglaises. Les images d'enfants en pleurs, tentant de retrouver leur souffle après ce gazage, feront le tour du monde...

Mais derrière cette organisation terriblement défaillante, l'horreur va surtout venir de la brutalité observée autour du stade de France ce soir-là. 8500 témoignages de supporters anglais sont recueillis et 1800 plaintes sont déposées. Tout cela semble presque dérisoire eu égard à ce qu'il s'est passé. Le traumatisme face au déchaînement de violence n'est pas prêt de s'effacer et encore moins de trouver réparation. Une violence folle dont l'origine fut connue très vite mais que le pouvoir politique a cherché à dissimuler. Plusieurs centaines de voyous issus des quartiers franciliens ont en effet convergé vers le site pour attaquer et voler les supporters de Liverpool avec une sauvagerie rarement vue dans un tel événement. Armés de barres de fer, de couteaux et même de machettes, ils ont agressé de nombreux Anglais isolés ou vulnérables pour leur arracher montres, sacs et portefeuilles. Plusieurs témoins n'ont pas hésité à évoquer une soirée comparable au film *American*

Nighmare[28]. Un véritable cauchemar aux portes de Paris qui pose une fois de plus la question du manque d'anticipation de la part du ministère de l'Intérieur. « C'était du jamais-vu… Ils ont évidemment profité du chaos pour agresser et détrousser les spectateurs. Lorsqu'il a été dit que ces agresseurs venaient des quartiers de Saint-Denis, je suis intervenu publiquement car c'était un mensonge. Sinon cela arriverait lors de tous les matches sur place… Non, ces délinquants venaient de toute l'Île-de-France », précise Mathieu Hanotin. Outre ces délinquants, sur le terrain, il a été observé que les agressions étaient dues également et en grande partie à une population difficilement identifiable qu'on va appeler « les gens de la porte de la Chapelle », mineurs isolés, migrants, sans papiers…

À trois semaines des élections législatives, on comprend aisément que le gouvernement, aidé dans sa tâche par des médias soucieux d'éviter les fameux amalgames, fasse tout pour dissimuler la vérité : des agressions d'une ampleur inédite ont été commises par une association opportune composée de voyous de cités et de migrants sans papiers.

Le 13 février 2023, soit presque neuf mois après les faits, un rapport indépendant commandé par l'UEFA sur l'organisation de cette finale a enfin été rendu public.

S'il pointe sans ambiguïté la responsabilité de l'institution européenne dans le fiasco, le rapport établit aussi clairement que le problème des billets falsifiés s'apparente à une diversion entretenue par l'exécutif français, la préfecture de police, l'UEFA et la FFF en vue de « s'exonérer des responsabilités

28 Film américain de 2013 qui décrit une nuit durant laquelle tous les crimes, dont le meurtre, deviennent légaux.

de défaillances ». Gérald Darmanin a évoqué la présence de 30 000 à 40 000 supporters sans billets valables aux abords de l'enceinte dyonisienne afin d'expliquer les multiples incidents constatés au niveau des points de contrôle et des tourniquets. En dépit de l'aplomb avec lequel ils ont été assénés, ces chiffres sont totalement faux et ne reposent sur aucune réalité.

Pour la chaîne Public Sénat, le journaliste Romain David s'est livré à une analyse ô combien précise des faits. Il relève que « la mission du Sénat comptait s'appuyer sur les images de vidéosurveillance du stade pour documenter ses affirmations mais – coup de théâtre – l'audition des représentants de la FFF révèle qu'elles ont été automatiquement effacées faute d'une saisie par la justice ». Les demandes réitérées des sénateurs sont restées lettre morte : « Tout a été fait pour que l'on ne puisse jamais les voir, se souvient le sénateur Laurent Lafon. Le calendrier de visionnage était constamment repoussé, nous avons fini par y renoncer pour pouvoir publier notre rapport. Mais nous savions que ces images allaient être utilisées par la justice dans le cadre des plaintes déposées par les supporters, ce qui nous a semblé satisfaisant. »

Une ahurissante anomalie que relève aussi le rapport commandé par l'UEFA, dont les auteurs n'ont pas davantage pu accéder aux vidéos enregistrées par les caméras de surveillance, restées en possession des parquets de Bobigny et de Paris.

Le rapport s'attarde aussi, bien évidemment, sur les multiples actes de violences constatés autour du stade, que certains n'ont pas hésité à qualifier de barbares. Selon les témoignages dont fait état Romain David, « les agressions auraient débuté dès le début de l'après-midi, sans réaction des forces de l'ordre, obligeant les supporters à s'organiser eux-mêmes, se constituant pour certains en "groupes défensifs" pour faire face aux assaillants.» Une forme de légitime défense de la part des Anglais, « dont le comportement est globalement salué par les rapporteurs ». À des années-lumière de la « menace hooligan » qui semble avoir été l'unique et aveuglante obsession des forces de l'ordre au moment de préparer la finale : « Selon le rapport commandé par l'UEFA, la police française a d'abord cherché à limiter le risque d'affrontements entre spectateurs, négligeant les autres aspects de la sécurité.» « La préfecture de police a été aveuglée par de fausses idées sur les supporters anglais, déclarait le sénateur Michel Savin. Le Sénat a pu lui aussi constater que le dispositif de sécurité était largement fléché dans leur direction. Tout cela nous a vite semblé disproportionné.» Disproportionné aussi, l'usage des gaz lacrymogènes et des sprays au poivre, des armes qui, selon le rapport, « n'ont pas leur place dans un festival de football ». « Si les sénateurs français, analyse Romain David, ont estimé que l'utilisation du gaz lacrymogène avait permis d'éviter un envahissement du stade, ils ont eux aussi dénoncé une méthode "particulièrement agressive" pour des supporters étrangers, même si elle a été "complètement assumée" par le préfet Didier Lallement lors de son audition.»

Sur ces questions cruciales, le rapport commandé par l'UEFA prend donc le contrepied des accusations du ministre de l'Intérieur et exonère les supporters anglais de toute responsabilité dans le surgissement de la violence. « Nous avions fait le même constat, poursuit Michel Savin, cité par Public Sénat. Les autorités nous ont opposé que les premières agressions avaient eu lieu dans la soirée, quand les témoins entendus affirmaient le contraire. Cela montre que le dispositif de sécurité n'avait pas du tout anticipé les incidents et les phénomènes de violences extérieurs à la seule venue de supporters.»

La sénatrice Jacqueline Eustache-Brinio ne disait pas autre chose quand elle soulignait, comme le rappelle aussi le journaliste, qu'une large partie des incidents était imputable à la délinquance qui gangrène la Seine-Saint-Denis. Elle avait ajouté en s'adressant au ministre lors de son audition, dans un moment fort : « Pourquoi un tel déni de ce qu'il s'est réellement passé ? Pourquoi ne pas présenter des excuses aux Espagnols et aux Anglais ? Avez-vous renoncé à restaurer l'ordre public partout dans notre pays ? »

En guise de réponse, Gérald Darmanin lui avait reproché d'« évoquer avec beaucoup d'insultes la Seine-Saint-Denis » et de « faire le jeu de partis assez extrêmes ». Le minable calcul politique plutôt que la vérité. Comme si la sécurité appartenait à un camp politique. On est toujours l'extrémiste de quelqu'un et Darmanin devrait le savoir, lui qui vient du camp de l'ancien président Sarkozy, qualifié en son temps de président fasciste par le gauchisme bien-pensant qui gangrène la vie intellectuelle de notre pays. Rien ne sera dit sur les individus clandestins auteurs des principales violences. Rien, car officiellement ils ne sont pas censés être là, sous des cabanes en bois porte de la Chapelle, n'est-ce pas, monsieur le Ministre ?

La honte du Stade de France n'entraînera aucune démission au sein du gouvernement. Le très controversé Didier Lallement, préfet de police de Paris au moment des faits, quittera son poste suite à ce fiasco. Un départ volontaire qui avait été officialisé plusieurs semaines auparavant. Chargée de l'organisation à l'intérieur du Stade, la FFF est « lavée de toute erreur[29] » selon les mots de son président, Noël Le Graët.

29 Interview dans le *JDD*, 19 juin 2022.

De lui, il n'y avait rien à attendre. Aucune démission à l'UEFA non plus, mais un communiqué présentant « des sincères excuses aux supporters ».

Le mardi 21 février 2023, en huitième de finale de la Ligue des Champions, Liverpool recevait le Real Madrid. Avant le match, les supporters ont déployé une banderole magnifique, large « tifo » représentant la ministre des Sports Amélie Oudéa-Castéra et le ministre de l'Intérieur Gérald Darmanin, affublés de nez de Pinocchio. Le texte disait sobrement : « Menteurs ».

11

« Notre union nous a permis de créer les conditions d'un "New Deal" pour le football français [...] C'est notamment une opportunité unique d'investir dans le "produit Ligue 1" pour le rendre meilleur, en utilisant le potentiel digital comme moyen de renforcer les liens entre la Ligue 1 et les supporters, à l'instar de ce qui est fait dans d'autres sports comme en NBA ou en NFL.[30] »

Vincent Labrune, président de la LFP
et de la société commerciale de la LFP

L'épisode du Covid-19 n'a pas été un déclencheur mais un révélateur. La pandémie a mis à nu la faible considération de nos dirigeants pour le football français. Elle a également confirmé les fragiles fondations sur lesquelles reposent nos clubs professionnels. Cette crise sanitaire inédite a précipité la fin d'une époque durant laquelle patrons de PME passionnés et autres barons locaux avides d'influence régnaient comme des seigneurs du Moyen Âge sur la Ligue 1. La nouvelle ère qui s'installe a transformé notre championnat en l'un de ces gigantesques « *malls*[31] » qui pullulent aux États-Unis et dans les

30 Interview accordée au site internet du média *Les Échos*, 6 mai 2022.
31 Terme désignant les immenses centres commerciaux, emblèmes de la société de consommation américaine.

richissimes monarchies du Golfe. Avec un contexte tellement favorable pour les acheteurs qu'ils ont l'impression de faire du shopping pendant les soldes. La crise du Covid-19, qui a fini de faire résonner les caisses vides des clubs, s'est révélée en définitive être une aubaine inespérée pour Vincent Labrune. Un prétexte idéal pour lancer son grand projet de société commerciale (voir chapitre 1) mûri depuis plusieurs années et rendu possible par la loi du 2 mars 2022[32]. À l'époque, deux possibilités s'offrent au président de la LFP. La première : cette nouvelle filiale de la Ligue ne cède aucun droit sur ses actifs. Une hypothèse qui inclut le paiement d'intérêts et une dette bancaire. Seconde piste : céder un pourcentage des titres de la société commerciale, privant certes les clubs d'une partie de leurs droits télé, mais leur garantissant en contrepartie une manne financière immédiate. Vincent Labrune opte pour cette dernière solution et empoche au passage une prime de 3 millions d'euros pour le deal conclu avec le fonds d'investissement CVC Capital Partners. Devenu également président de la société commerciale de la Ligue, l'ancien patron de l'OM touchera un salaire annuel de 1,2 million d'euros (dont 420 000 euros pour son siège à la LFP). En janvier 2023, Labrune annonce la nomination d'un directeur général pour cette même filiale : Ben Morel. Diplômé de l'ESCP Europe, ce dernier a occupé le poste de CEO du Tournoi des Six Nations (propriété de CVC) et de *managing director* pour l'Europe, l'Afrique et le Moyen-Orient en NBA. Il aura donc tout le loisir de découvrir le milieu du football professionnel lors de sa prise de fonction…

32 Loi visant à démocratiser le sport en France. Elle autorise notamment la création de filiales pour la gestion et la commercialisation des droits audiovisuels et marketing.

Avant de s'attaquer à la Ligue 1, CVC avait les yeux rivés sur le projet de Super Ligue européenne de football[33]. Finalement, les grands clubs européens ont décidé de se passer de ce partenaire trop gourmand. Le fonds a dû se replier sur les championnats nationaux. La Bundesliga et la Serie A lui ont claqué la porte au nez mais CVC a conclu des accords avec la Liga et la LFP. Présent dans le milieu du sport depuis plusieurs années, le fonds a notamment révolutionné le monde de la Formule 1 et des Grands Prix moto. Le géant luxembourgeois aurait prévu de se retirer du deal avec la LFP d'ici cinq à sept ans, mais rien ne l'y oblige. L'accord signé en Espagne est prévu pour durer 50 ans, celui qui concerne la France n'a pas de date de fin. Autrement dit, si la soupe est bonne et la rentabilité au rendez-vous, CVC pourra se resservir autant qu'il le voudra, dix, quinze, vingt fois la mise initiale, ou lâcher sa part quand la société commerciale aura pris un minimum de valeur en vue d'une introduction en bourse ou d'un rachat. Une possibilité de revente déjà envisagée par Vincent Labrune. Afin de garder le contrôle sur son projet, l'omnipotent président à la double casquette a même établi une liste noire d'entreprises qui ne pourraient pas racheter la société. Parmi elles : Amazon, probablement Canal Plus et d'autres diffuseurs trop puissants à son goût…

Seule une situation financière désespérée du football français peut expliquer la signature du « deal CVC » : personne ne vendrait 13 % de ses revenus télé à vie en échange d'une somme qui, pour l'OM par exemple, ne couvre même pas les pertes générées sur une saison (autour de 90 millions). Et pourquoi

---

33 Projet de ligue semi-fermée de 20 grands clubs européens, annoncé en avril 2021 par 12 d'entre eux mais suspendu en attente d'une décision de la Cour de Justice de l'Union Européenne au printemps 2023.

le PSG, qui n'a aucunement besoin de l'argent de CVC pour être aujourd'hui déjà le club d'Europe qui dépense le plus en salaires (728 millions, en hausse de 45 % sur une année, soit 109 % du budget parisien[34]) s'est-il taillé la part du lion au moment de la distribution ?

Sur les 20 dernières années, les capacités des fonds d'investissement ont explosé en passant de 0,5 trilliard à 3,5 trilliards de dollars[35]. Poussées à devenir toujours plus créatives pour continuer d'étendre leurs activités, ces structures s'intéressent de plus en plus au football européen. Mais contrairement à l'idée répandue, peu de clubs du continent ont été rachetés directement par un fonds d'investissement. En Ligue 1, RedBird Capital Partners (États-Unis) contrôle actuellement le Toulouse Football Club. Après avoir racheté en novembre 2018 les Girondins de Bordeaux à M6 pour la somme de 75 millions d'euros (avec General American Capital Partners, ex-actionnaire minoritaire), King Street Capital Management se retire moins de trois ans plus tard. Une véritable catastrophe qui a abouti au licenciement de 70 salariés (sur les 300 que comptait le club). Tout proches du dépôt de bilan à l'été 2021, les Girondins ont été rachetés par Gérard Lopez mais seront finalement relégués en Ligue 2 la saison suivante après avoir frôlé une rétrogradation administrative en National 1. Précédé d'une réputation sulfureuse, l'homme d'affaires hispano-luxembourgeois a notamment réussi l'exploit de mettre en faillite le Royal Excel Mouscron (Belgique) 20 mois seulement après l'avoir acquis. Également détenteur du Boavista FC, Lopez

34 Football Benchmark 2023.

35 Un trilliard correspond à mille milliards de milliards, soit 10^{21} dollars.

s'est surtout distingué en devenant l'éphémère et controversé propriétaire du LOSC par le biais d'un autre fonds d'investissement américain, Elliott Management Corporation, à qui il a emprunté près de 225 millions d'euros. Le club nordiste finira par atterrir dans l'escarcelle de Merlyn Partners, un fonds d'investissement basé au Luxembourg. En partant du LOSC, Lopez a laissé les caisses vides et l'espoir que jamais la justice ne s'intéresse de trop près au transfert de Victor Osimhen à Naples contre une poignée de millions et quatre « faux » joueurs de foot. Il a aussi laissé un titre de champion de France. Récompense éphémère certes, mais que les amoureux du club retiendront plus que les acrobaties financières de leur ancien dirigeant.

Plusieurs mauvaises expériences ont définitivement dissuadé les fonds d'investissement de racheter des clubs avec leur propre caisse. Le football est un secteur dans lequel il est impossible de gagner des milliards mais où la possibilité de perdre beaucoup reste une menace permanente. Le cas échéant, un échec peut se révéler lourd de conséquences pour l'image de marque. Certains fonds ont néanmoins trouvé une alternative moins périlleuse en optant pour le contrôle de franchises telles que Red Bull (cinq clubs détenus en 2022) ou City Football Group (douze clubs détenus en 2022). Une manière pour eux de diversifier leur risque. Si l'un des clubs acquis n'est pas performant, un autre le sera et compensera les éventuelles pertes financières. Pour les Émiratis propriétaires de Manchester City, à l'instar des Qatariens du PSG, les pertes financières ne constituent pas, en revanche, une source d'inquiétude majeure.

Dans le football, les fonds ont désormais identifié leur préférence : acheter des parts de sociétés commerciales. Une stratégie moins aventureuse que la prise de contrôle d'un club puisque cette structure aura toujours une valeur marchande importante grâce aux droits de diffusion, y compris en période de récession. Dans leur portefeuille de participation, la part liée au football va contrebalancer l'exposition-risque de leurs affaires dans un domaine comme l'aluminium, ou toute autre activité susceptible de souffrir du ralentissement de la croissance économique. Mais la nouvelle politique des fonds, et des businessmen en général, va bien plus loin qu'un investissement de bon père de famille. Ils voient le sport européen comme un secteur sous-valorisé comparé aux États-Unis, notamment en raison de la marge de progression liée au numérique et à l'optimisation de la rentabilité. Une approche qui les pousse à acquérir ces actifs en vue de les développer et d'en tirer profit.

En s'attaquant au sport le plus populaire de la planète en termes d'audience (4 milliards de fans), les investisseurs les plus gourmands, dont beaucoup d'Américains, espèrent appliquer le *business model* qui régit les grandes ligues sportives aux États-Unis. Un système dans lequel la construction d'une marque forte à l'étranger et un merchandising agressif l'emportent sur l'identité du club et la performance sportive. Un exemple outre-Atlantique : les Cowboys de Dallas. La franchise de NFL[36] est valorisée à 8 milliards de dollars selon le magazine *Forbes* alors qu'elle n'a pas remporté de titre depuis… 1995. Sur le plan des revenus financiers, les États-Unis jouent assurément dans une autre galaxie. En mai 2021, la NFL a conclu un nouveau contrat pour ses droits TV : plus de 100 milliards de dollars sur onze ans et six diffuseurs

36 National Football League.

(CBS, ABC, NBC, Fox, Amazon et ESPN). Le président du Real Madrid, Florentino Pérez, expliquait fin 2022 que les 285 matches de NFL, regardés essentiellement aux États-Unis, valaient davantage que 2000 matches de football européen, comprenant la Ligue des Champions, la Ligue Europa et tous les matches des cinq grands championnats avec une audience potentielle véritablement mondiale. Le deal XXL de la NFL fait fantasmer tous les dirigeants de ligue sur le Vieux Continent, à commencer par Vincent Labrune, bien loin du compte malgré le milliard et demi d'euros garanti par CVC qui, par ailleurs, constitue une hypothèque pour les clubs. Les chiffres de la démesure du football américain coïncident avec un système de franchise et de ligue fermée. L'exact contraire d'un modèle européen où une équipe peut jouer la Ligue Europa et être reléguée à l'étage inférieur de son championnat la saison suivante. Une donnée majeure qui a certainement encouragé nombre de mastodontes de la finance à pousser en faveur du projet controversé de Super Ligue européenne de football, comparable à la NFL et à la NBA. Depuis, les promoteurs de l'idée, Barça, Real et Juventus en tête, ont assuré que la Super Ligue sera 100 % ouverte dans sa nouvelle formule. La prochaine décision de justice européenne dans le conflit qui oppose l'UEFA et A22 Sports Management, la société qui promeut le projet de Super Ligue, est très attendue. Elle déterminera l'avenir du foot européen et ses futurs financements.

Autrefois, le Real était, tous sports confondus, le club le plus valorisé au monde. En une année, il est passé de la 5e place mondiale à la 13e, devancé par huit clubs de NFL et trois de NBA. Trois clubs de foot figurent dans le top 20. Aucun dans le top 10. C'est une évidence : le foot a perdu son rang.

Pour les investisseurs étrangers, la France reste un compromis idéal. Le coût d'achat de nos clubs est peu élevé, loin des sommes demandées pour acquérir les clubs anglais sur lesquels les investisseurs se dirigent en première intention. Il faut dire qu'en dehors du PSG, les clubs hexagonaux sont toujours aussi peu performants dans les compétitions européennes. La saison 2022-23 est déjà terrible sur ce plan. Pourtant, Vincent Labrune, en concevant l'appel d'offres des droits TV de la L1 à l'automne 2023, avait anticipé de bons résultats sur la scène européenne. Histoire de devenir enfin séduisant, attractif. Sur le plan national et surtout international, là où la hausse était espérée la plus forte, ces résultats ne vont pas aider. Labrune devra aller demander à son « chef » al-Khelaïfi de recruter des stars pour faire vendre la L1.

La Ligue 1 est le seul des cinq grands championnats du continent à afficher un solde des transferts positif sur la période 2013-2022 : 350 millions d'euros[37]. Terre promise du « trading », la France produit du talent mais l'exporte aussitôt, rendant impossible toute progression de son championnat. Dans le même laps de temps, la Premier League a flambé plus de 18 milliards d'euros avec un solde négatif de 9,5 milliards. Les quatre autres championnats du « Big 5 », la France en tête, alimentent ce qui ressemble chaque jour davantage à une Super Ligue appelée Premier League. En 2022, près de 980 footballeurs français évoluent dans un club étranger. Seul le Brésil fait mieux à l'échelle de la planète avec 1219 joueurs expatriés.

En décembre 2022, l'Américain John Textor devient officiellement le nouveau propriétaire de l'Olympique lyonnais après

---

37 Football Observatory, 2022.

plusieurs mois de négociations exclusives. Le club rhodanien devient le dixième club (sur 20) de Ligue 1 à passer sous pavillon étranger. Un tournant, eu égard à ce chiffre symbolique et à la passation de pouvoir actée par Jean-Michel Aulas, le dernier des patrons dits « à l'ancienne » tels que Bernard Tapie, Louis Nicollin et Claude Bez.

Conscients du réservoir inépuisable de talents potentiels produits à l'échelle industrielle sur le sol français, les investisseurs étrangers voient désormais au-delà de la Ligue 1 et s'attaquent à la Ligue 2, voire au National, avec toujours la même inquiétude du côté des supporters : le risque d'une perte d'identité. Une situation particulièrement perceptible lorsque les équipes portent en elles une histoire forte, souvent liée au contexte social local.

En 2015, Le Havre Athletic Club, doyen du football français et grand pourvoyeur de talents, est racheté par l'Américain Vincent Volpe. Implanté dans la région depuis 1990 et marié à une Normande, l'homme d'affaires francophone possède plusieurs atouts qui rassurent les supporters. Mais le nouveau propriétaire du club montre vite que son profil de businessman l'emporte sur ses liens avec la ville portuaire. En l'espace de quelques mois, il renouvelle complètement le conseil d'administration et recrute une équipe de technocrates issus des écoles de commerce. Les nouvelles têtes pensantes du club délaissent les supporters pour cibler les familles, plus aptes à remplir le stade Océane (25 000 places) qui sonne creux à chaque rencontre en raison du manque d'affluence. Les réunions avec les salariés du club ressemblent à un mauvais sketch sur les publicitaires. Le mot d'ordre des commerciaux semble devenir le nouveau slogan du HAC : « On est là pour leur vendre une expérience ! » Lors d'une séance de pré-saison, les participants ont du mal à retenir un fou rire quand le directeur du développement dévoile l'affiche destinée à lancer la campagne d'abonnement du club. Un dessin réalisé via Illustrator où apparaissent trois générations d'une même famille qui se baladent ensemble, avec au deuxième plan un stade Océane difficilement perceptible au premier regard. Pour se donner les moyens de ses ambitions, la direction du club met en place le « village Ciel & Marine » autour et à l'intérieur du stade. Une mini fête foraine qui comprend châteaux gonflables, concerts, stand bien-être et autres divertissements. La construction d'une piste de karting est même envisagée avant d'être abandonnée. Prévues pour accueillir les familles, les 20 chambres de l'hôtel 4 étoiles situé à l'intérieur de l'édifice sportif ont du mal à trouver preneur. La faute à des prix particulièrement élevés et à une enceinte éloignée du centre-ville. Pour tenter de générer des revenus, Vincent Volpe fait part à son équipe d'une idée quelque peu saugrenue qui n'aboutira jamais : ouvrir une boutique à... Manhattan pour vendre les produits de la marque « 1872[38] », créée par le précédent président. Avant la saison 2022-2023, l'homme d'affaires surprend tout le monde en bouleversant l'organigramme : le technicien slovène Luka Elsner remplace Paul Le Guen sur le banc, Mathieu Bodmer est nommé directeur sportif et Jean-Michel Roussier assure la présidence. Volpe reste néanmoins actionnaire majoritaire à hauteur de 96 %. L'arrivée de cette nouvelle équipe aurait été exigée par un fonds d'investissement qui serait entré dans le capital du club, en vue d'une prochaine acquisition. Aucun nom n'a été dévoilé mais les rumeurs d'un

38 Date de création du club havrais.

rachat, à l'instar du rival caennais[39], circulent depuis plusieurs années…

Un autre club à la dimension populaire affirmée a fait lui aussi, plus récemment, l'objet d'une vente : le Red Star. Peu après son élection à la tête de la ville en 2020, Karim Bouamrane fait part de sa volonté d'établir un plan pour tenter d'amener l'Étoile Rouge en Ligue 1. Mais l'élu et le président du club, Patrice Haddad, se rendent rapidement compte que les moyens actuels sont insuffisants pour songer à un tel objectif. Le projet de vente est acté mais le maire exige le respect de plusieurs conditions : pas question d'un repreneur qui ne respecte pas les droits humains, pas d'argent à l'origine opaque et un propriétaire qui doit s'engager au minimum sur le moyen terme. Le 11 mai 2022, un communiqué est publié sur le site du club afin d'annoncer la vente au fonds d'investissement américain 777 Partners : « C'est une étape majeure dans la grande et prestigieuse histoire du Red Star FC. » Deux jours plus tard, une lettre ouverte est publiée pour s'opposer à ce rachat. Organisée par la tribune Rino Della Negra[40], elle rassemble de nombreuses personnalités de gauche telles que Jean-Luc Mélenchon, Fabien Roussel ou encore Éric Coquerel, et appelle « l'ensemble des supporters du Red Star et les amoureux du ballon rond à travers le pays à bloquer la vente et à se mobiliser pour faire de ce combat un combat national contre le football business et défendre une autre vision du football ». En vain. Le problème, c'est qu'il n'y avait personne

39 Le Stade Malherbe de Caen, l'autre grand club de Normandie, a été racheté en 2020 par le fonds d'investissement Oaktree Capital Management.
40 Ancien joueur du Red Star et résistant durant la Seconde Guerre mondiale, il a été exécuté par l'armée allemande le 21 février 1944 au Mont-Valérien avec les 22 autres membres du groupe Manouchian.

d'autre pour reprendre le club. Il y a une mythologie factice autour du Red Star que Patrice Haddad a tenu à bout de bras pendant des années. Derrière les opportunistes leaders de gauche qui se foutent royalement du foot, il n'y avait rien !

777 Partners possède donc désormais 100 % des parts du Red Star. Les responsables américains ont toutefois promis de respecter l'ADN du club en s'impliquant dans le tissu associatif local et dans la formation des jeunes joueurs. Ça ne coûte rien d'y croire.

Autre motif d'inquiétude pour les supporters : l'avenir et la gestion du stade Bauer[41]. L'enceinte, vétuste, n'est plus homologuée pour accueillir des rencontres organisées par la Ligue de Football Professionnel. La question de sa rénovation s'est imposée comme un sujet récurrent au sein du conseil municipal depuis plusieurs décennies, sans pour autant se concrétiser. Six mois après son élection, Karim Bouamrane tranche : le stade, propriété de la ville, est vendu au groupe Réalités, promoteur immobilier et actionnaire du club avant l'arrivée du fonds d'investissement. Là encore, l'édile impose ses conditions : pas de naming et une tarification sociale maintenue pour l'accès aux matches. Avec un projet de reconstruction estimé à près de 150 millions d'euros, le stade Bauer atteindra une capacité de 10 000 places et pourra recevoir des rencontres de Ligue 1 et de Ligue 2. L'enceinte a même été retenue comme site olympique en prévision des Jeux de 2024 et accueillera notamment des entraînements de plusieurs équipes de football féminines et masculines. Une évolution qui n'a pas réussi à convaincre définitivement les supporters, vigilants à propos de

41 En hommage à Jean-Claude Bauer, médecin résistant et membre du Parti communiste français, fusillé au Mont-Valérien le 23 mai 1942.

chaque détail de la rénovation. Ces derniers ont notamment obtenu de déplacer le restaurant panoramique initialement prévu… au-dessus de la tribune nord.

Le mariage entre un fonds spéculatif et le club symbole de la banlieue rouge a été décrit comme « un bras d'honneur aux 125 ans d'histoire du club[42] » par Vincent Chutet-Mézence, président du collectif de supporters Red Star Bauer. Souvent définie jusque-là comme l'anti-PSG, l'équipe emblématique de la Seine-Saint-Denis a fini par être rattrapée par la réalité d'un sport dans lequel les identités vacillent au rythme des processus de capitalisation. Une conclusion qui sonne comme le cœur d'un débat autour de l'identité auquel on pourrait assister lors d'une campagne présidentielle. Qu'on soit de gauche ou de droite, le foot est identitaire, et alors ? On est désorienté, déboussolé. On a peur des clubs-États qui envoient valser les billets sans le moindre contrôle. On a peur des propriétaires américains qui gèrent de loin et en donnant le sentiment qu'ils ne comprennent rien au foot. On veut des patrons bien de chez nous mais on oublie le nombre de clubs qui ont fini par souffrir voire couler en étant aux mains de barons locaux : le Saint-Étienne de Rocher puis Romeyer, le Lens de Martel, le Bordeaux de Bez puis de M6, le PSG de Canal Plus, le Nantes de tous ceux qui sont venus depuis vingt ans, l'OM de Tapie puis de Louis-Dreyfus…

Quel est le club qui a résisté à la spirale inflationniste, aux masses salariales étourdissantes, à la dérégulation… ? On ne sait plus qui croire ni à quel projet s'accrocher.

42 Interview accordée au journal *Le Parisien*, 12 mai 2022.

ÉPILOGUE

Écrire sur le foot et les affaires sera bientôt impossible. Tout va trop vite et un dossier chasse l'autre. L'actualité est rapidement dépassée. On en a fait l'expérience. Depuis le mois d'août 2022, le foot a explosé dans tous les sens. À peine en poste, la ministre des Sports qui s'était loupée sur le dossier Stade de France s'est, en revanche, nettement imposée sur les affaires de la FFF et a été à la hauteur des enjeux. Noël Le Graët n'est plus à la tête de notre foot. Enfin ! Jusqu'au bout, malgré tant de manquements à la morale, il aura tenté de s'accrocher. Le foot amateur, la commission éthique, le gouvernement et tous les médias ont demandé son départ. Même le journal *L'Équipe*, qui a fourni plusieurs cadres à la FFF, a fini par rejoindre les opposants. On n'est pourtant pas encore au bout de nos peines. D'abord parce que Le Graët a été recasé immédiatement par Gianni Infantino à la FIFA. On est au-delà de la nausée ! Ensuite parce qu'il serait illusoire de croire que son départ est la solution magique à tous les maux de la FFF. La seule réponse à la hauteur des dérives, ce serait un grand ménage à la fédération.

Michel Platini président, Zinédine Zidane sélectionneur, le duo aurait de l'allure pour relancer et nettoyer le foot français. C'est une sorte de vœu pieux puisque Platini, malgré des échanges avec le président de la République et la ministre des Sports, semble toujours réticent. À chaque fois que j'en ai parlé avec lui, il a repoussé l'idée. Pas à 100 %, mais assez pour ne pas se lancer dans une bataille qu'il ne veut pas mener. La cicatrice de la FIFA reste vive. On a volé la « vie » de celui qui devait diriger le foot mondial. Le voleur, Gianni Infantino, est désormais à la botte des États du Golfe Persique, Arabie Saoudite et Qatar. Il veille, paraît-il, à ce que les gouvernements ne pratiquent pas l'ingérence dans les fédérations. Est-ce à dire qu'il ne fallait pas pousser dehors un homme comme Le Graët sous prétexte que le foot est indépendant du politique ? Foutaises ! À ce titre, la commission d'éthique de la FIFA aurait dû intervenir dans nos affaires et condamner notre président déchu. Rien, pas un mot ! Le Graët a toujours été un soutien d'Infantino, alors il pouvait bien gouverner comme bon lui semblait.

Zidane viendra peut-être un jour en équipe de France, mais le « quand » est devenu très vague depuis que Deschamps a prolongé son contrat de quatre ans. Avant la Coupe du Monde, Deschamps répétait dans l'intimité qu'il partirait après la compétition. Une place en finale plus tard, il a changé d'avis au point de quémander un contrat de quatre ans à Le Graët sans passer par une validation du comité exécutif. L'idée de laisser sa place à Zidane devait également l'empêcher de dormir. L'homme du Phocea, l'homme des procès à la Juve a toujours soutenu Le Graët, son patron bien-aimé ! Les affaires ? Des ragots de journalistes ! Rien de vrai ! Aujourd'hui que la FFF a explosé et que l'audit a révélé l'ampleur du marasme, que dit Deschamps ? Rien ! Un silence étourdissant.

En parlant de marasme, celui des clubs français en Coupe d'Europe a une nouvelle fois mis en lumière nos carences. Notre destin d'antichambre du foot européen, de centre de formation géant se confirme. La saison où l'on prend un vrai plaisir à regarder nos matches de L1, la claque est encore plus terrible. Le modèle français du trading de joueurs semble se consolider un peu plus. Pourtant, il va falloir bientôt vendre notre foot aux diffuseurs. Et ce, dans un contexte qui s'annonce morose. À ce titre, Pierre Maes, consultant dans le secteur des droits TV sportifs, expliquait récemment qu'une grande nervosité régnait un peu partout dans les ligues européennes au sujet des prochains cycles. Même en Angleterre. Les revenus actuels de trois des cinq ligues majeures dépendent de DAZN dont la hauteur des pertes (5 milliards d'euros sur les trois dernières années) donne le vertige.

Le nouvel appel d'offres sur les droits TV nationaux et internationaux est prévu pour fin 2023 et il est difficile d'envisager une hausse des droits français, même si Vincent Labrune a monté un *business plan* en ce sens. À l'international, on part de tellement bas qu'une hausse est fort probable. Mais de quel ordre ? Si on n'atteint pas les prévisions, il n'est pas exclu que l'on soit poussé à céder encore plus de parts de notre foot à CVC.

En constatant à quel point il est écrasé, comme ses voisins, par la puissance du foot anglais, certains acteurs du football français commencent à se dire que le modèle Super Ligue mérite le coup d'œil. Le rejet massif de 2021 est loin. Un projet ouvert avec des finances contrôlées, l'idée séduit de plus en plus. Plusieurs clubs français (l'OM, Lyon, Lens) ont entamé des discussions avec les dirigeants du projet dissident. Soucieux de se tenir le plus loin possible de toute velléité de contrôle financier, le PSG reste quant à lui proche de l'UEFA d'Aleksander Ceferin, qui lui a offert la tête du fair-play financier sur un plateau.

La réforme de la Ligue des Champions qui doit entrer en vigueur en 2024 est un repoussoir. Le projet de la FIFA d'un championnat du monde des clubs en fin d'année est encore pire : une absurdité ! La FIFA et l'UEFA ont peu à peu perdu toute crédibilité pour affronter les nombreux chantiers que propose le foot européen et mondial. Les grands clubs et les joueurs devraient hausser la voix, s'unir et tenter une reprise en main. Florentino Pérez a fait de l'instauration de la Super Ligue, dotée d'un système de régulation, le dernier combat de sa vie dans le foot, mais par qui est-il suivi ? Il paraît que la prise de conscience est globale. Mais on attend toujours la sortie du bois des contestataires. Car en attendant, on se retrouve toujours face aux petits arrangements, à la défense des intérêts particuliers et à la gestion à court terme. Face au chaos.

Pessimiste, l'un des maîtres de la pensée footballistique, Jorge Valdano, avait anticipé cette triste évolution en 2020 : « D'une certaine manière, nous vivons dans un football mutilé. À l'intérieur, c'est pareil, il continue à nous intéresser, à nous passionner, à engendrer tout type de sentiment, de la polémique, du plaisir de voir évoluer des grands joueurs. Pourtant, c'est inévitable, le football vit un moment étrange. »